Actividades de gestión del pequeño comercio

Guía para el docente y solucionarios

Editado por: IC Editorial
c/ Cueva de Viera, 2, Local 3
Centro Negocios CADI
29200 Antequera (Málaga)
Teléfono: 952 70 60 04
Fax: 952 84 55 03
Correo electrónico: iceditorial@iceditorial.com
Internet: www.iceditorial.com

Guía para el docente y solucionarios:
Actividades de gestión del pequeño comercio

1ª Edición

© IC Editorial, 2025

ISBN: 979-13-7027-068-1
Depósito Legal: MA 1790-2025

Impresión: PODiPrint
Impreso en Andalucía – España

Nota de la editorial: IC Editorial pertenece a Innovación y Cualificación S. L.

Índice

Guía para el docente: técnicas de enseñanza y aprendizaje

Contenido

1. Introducción

El presente capítulo está destinado a ofrecer al cuerpo docente responsable de la enseñanza del programa de cualificaciones profesionales y certificados de profesionalidad, una guía metodológica para obtener el máximo rendimiento de los contenidos formativos que han sido desarrollados para el presente título.

La mejora de las habilidades comunicativas y la aplicación de una metodología contrastada de enseñanza, aprendizaje y evaluación permitirá transmitir el conocimiento y adquirir el programa formativo de la forma más efectiva y práctica posible.

Estudiaremos cuáles son los principales elementos que forman parte de la comunicación profesor-alumno, a través de una cuidada selección de sistemas de planificación de estrategias didácticas, así como la utilización de medios y recursos didácticos.

La integración de todas las actividades planificadas alrededor de un plan de formación adaptado e individualizado, aumentará además la satisfacción del alumnado por la utilización de un sistema no lineal e interactivo que se retroalimenta gracias a la relación establecida entre la propia metodología y los actores que forman parte de la enseñanza.

2. El programa de formación

Una de las claves del éxito de la mayoría de las actividades que se realizan en general, y concretamente en la formación, es la **programación.** Es necesaria la programación de las acciones formativas, para que así se pueda alcanzar el objetivo final, es decir, que el alumno obtenga una buena capacitación y adquiera nuevos conocimientos en su repertorio y que, después, sea capaz de emplearlos en su trabajo.

2.1. Definición de programación

Cuando se habla de **programación,** se pueden encontrar multitud de definiciones. Para sintetizar, se podría definir como la actividad de enunciar lo que se quiere hacer (objetivos, contenidos, métodos, temporalización, medios y recursos didácticos y evaluación).

 **DEFINICIÓN**

Programación

Es un plan donde se establecen las acciones que se van a realizar en un proceso de enseñanza-aprendizaje, por medio de un formador o un equipo.

A continuación, se va a describir una serie de características que tiene que tener una programación didáctica:

- Dinámica. Una programación no es estática ni está acabada, siempre está en constante revisión, de ahí su dinamismo. Además va cambiando o evolucionando según los resultados de la evaluación continua que se va realizando durante la ejecución de la acción.
- Flexible. Esta característica permite que se puedan hacer cambios, ampliaciones, reducciones y actualizaciones de los contenidos y actividades programadas, según las necesidades que se observen.
- Creativa. La programación como es un diseño propio y exclusivo, exige creatividad y originalidad. El docente es el que decide sobre el quehacer en el aula teniendo en cuenta las características del grupo, las necesidades que se pretenden satisfacer y las propias posibilidades.
- Prospectiva. La programación consiste en hacer un pronóstico de la interacción que se va a producir en el aula.

⊃ Sistemática. La programación es un proceso sistematizador que da coherencia a la acción formativa, ya que tiene en cuenta todos los elementos (objetivos, contenidos, métodos, temporalización, medios y recursos pedagógicos y evaluación) que intervienen en el acto educativo y analiza sus relaciones.

⊃ Integradora. Permite integrar elementos de cualificación técnico-profesionales con elementos de cualificación personal de alumnado.

⊃ Funcional. Toda programación debe basarse en el perfil profesional de la ocupación y estructurar los contenidos formativos que proporcionan las competencias de ésta.

2.2. Elementos de la programación

Antes de empezar cualquier programación formativa, es necesario tener en cuenta los datos obtenidos del análisis de la ocupación y del grupo al que se dirige la acción formativa. A partir de esta información, se determinan los elementos que van a conformar la programación.

Cuando se realiza la programación de un curso, hay que plantearse previamente las siguientes preguntas:

1. ¿Qué quiero conseguir con la formación?	**OBJETIVOS**
2. ¿Qué conocimientos deben asimilar los alumnos para alcanzar los objetivos propuestos?	**CONTENIDOS DEL CURSO**
3. ¿Cómo trabajamos en el aula? ¿Qué actividades son las que realizamos?	**MÉTODOS DE ENSEÑANZA**
4. ¿Cuánto tiempo tengo y cuánto dedico a cada módulo?	**TEMPORALIZACIÓN**
5. ¿Qué medios y recursos didácticos se necesitan para poder llevar a cabo esas actividades?	**MEDIOS Y RECURSOS DIDÁCTICOS**
6. ¿Cómo sabemos que se ha producido el aprendizaje?	**EVALUACIÓN**

3. Factores determinantes de la efectividad de la comunicación en el proceso de enseñanza-aprendizaje

En toda comunicación que se produzca en el proceso de enseñanza-aprendizaje, existen factores determinantes que obstaculizan o refuerzan este proceso.

3.1. Obstáculos de la comunicación

Relacionados con el emisor

- No expresar de forma clara qué mensaje se quiere transmitir.
- Comentar algo a lo largo de la explicación que no sea lo correcto y pueda resultar desagradable.
- Cambiar el tema de conversación.
- Desviarse del tema que se está tratando.
- No mirar al receptor cuando se quiere expresar algo.
- No estar atento a las señales que emite el receptor.
- Expresar alguna idea a través de los gestos que no se corresponda con la idea a comunicar.

Relacionados con el receptor

- No comprender las ideas que quiere expresar el emisor.
- No pedir explicación al emisor de aquella información que no le haya quedado clara.
- Interrumpir al emisor cuando está hablando.
- Captar algo diferente a lo que el emisor desea transmitir.

Relacionados con el mensaje

- Mensaje confuso.
- Mensaje muy corto.

- ⟳ Mensaje muy extenso.
- ⟳ Abuso de muletillas.
- ⟳ Utilización de frases sin terminar.
- ⟳ Dar "rodeos" para decir la idea principal.

Relacionados con el contexto

- ⟳ No ser el momento adecuado para transmitir algo.
- ⟳ No saber escoger el lugar oportuno.
- ⟳ La presencia de ruidos y de interferencias.
- ⟳ No pensar en las personas que están cerca.

Relacionados con el código

- ⟳ No utilizar el mismo código que la persona con la que se habla o a la que se escucha.
- ⟳ No adaptar el vocabulario a la situación o a la persona con la que se conversa.
- ⟳ Utilizar el doble sentido.

3.2. Sugerencias para el mejor funcionamiento de la comunicación

Emisor

- ⟳ Acostumbrarse a planificar la comunicación.
- ⟳ Concretar visiblemente los objetivos.
- ⟳ Buscar la retroalimentación en la comunicación.
- ⟳ No tratar de impresionar al receptor.

Mensaje

- ⟳ Que sea claramente entendido por el receptor.
- ⟳ Que la terminología usada sea de referencia común.
- ⟳ Que reclame la atención y el interés del alumnado.
- ⟳ Que sea sencillo de interpretar.

⮑ Que su contenido sea adecuado y convincente.

⮑ Que produzca el máximo efecto posible.

_____

Canal

⮑ Que sea el más apropiado al grupo al que se dirige, al contenido del mensaje y al objetivo que persigue el formador.

⮑ Que sea el que cause mayor impacto en el receptor.

⮑ Que sea el más eficaz.

⮑ Que sea el que mejor domine el formador.

4. La comunicación verbal y no verbal en el proceso instructivo

Los medios de comunicación pueden agruparse en dos grandes bloques: los **medios verbales,** que son aquellos que usan la lengua como código compartido; y los **medios no verbales,** que son los que se fundamentan en otros códigos simbólicos. A su vez, dentro de los medios verbales, están el medio escrito y el medio oral.

Cada uno de estos medios tiene sus ventajas y sus inconvenientes, por lo que la selección del medio deberá tener en cuenta las circunstancias y características que en cada caso presenta el comunicador, la audiencia y el mensaje que se ha de transmitir.

4.1. Los medios verbales

La comunicación verbal

La comunicación verbal se utiliza para comunicar ideas o dar información, opiniones, expresar o describir sentimientos, etc. Sirve de vehículo a los contenidos explícitos del mensaje. Para garantizar la efectividad de la comunicación, es necesario que el mensaje se presente de forma descriptiva y operativa, pero siempre teniendo muy en cuenta el código común del grupo al que va dirigida esta comunicación.

Un uso correcto del lenguaje oral ayuda a acercarse más a los alumnos. Los principales aspectos a considerar son los que aparecen a continuación.

Construcciones gramaticales

El objetivo será transmitir el mensaje de la manera más clara posible. Se deben evitar los giros rebuscados, la sintaxis complicada y las metáforas. En las explicaciones y conversaciones debe primar el contenido sobre la forma.

Vocabulario

Es importante saber qué palabras van a expresar mejor los conceptos que se desean transmitir y las que pueden ser comprendidas mejor por los alumnos. El análisis previo de los alumnos ayuda a saber qué términos técnicos se pueden utilizar sin problemas, cuáles se tienen que explicar y cuáles se deben evitar.

En general, siempre hay que mantenerse dentro de un lenguaje formal, evitando los vocablos demasiado coloquiales, las palabras extranjeras, las referencias académicas y expresiones de carácter religioso, político, deportivo o cultural, que pueden resultar agresivas para los alumnos.

Ejemplos

Los conceptos abstractos que pueden aparecer y que dificultan la adquisición de los contenidos, tienen que ser expresados mediante las explicaciones del formador, siempre apoyándose en la visualización.

La comunicación escrita

La comunicación escrita posee un carácter más veraz que la oral. La interacción que tiene lugar entre el emisor y el receptor no es inmediata, en algunas ocasiones no llega a producirse jamás. Este tipo de comunicación ofrece más oportunidades expresivas y mayor complejidad gramatical, sintáctica y léxica. También hay que tener en cuenta que a veces dificulta la expresión y/o puede no proporcionar *feedback* de manera inmediata.

4.2. Los medios no verbales

Al igual que las palabras, los elementos de la comunicación no verbal son signos que representan una idea (se excluyen todos los signos lingüísticos).

A diferencia de la comunicación verbal, su función no se centra sólo en la transmisión de contenido, sino que traspasa esa frontera para expresar también las emociones del emisor, controlar la interacción y proporcionar *feedback* del efecto que el mensaje produce en el receptor. Todas estas funciones son muy útiles para el formador, tanto en su tarea de transmisor de conocimientos como en la tarea de motivar y dirigir al grupo.

A continuación, se detallan las diferentes categorías en las que se agrupan los elementos de la comunicación no verbal.

Kinesia

Posturas

Una de las primeras cosas que el formador debe transmitir a sus alumnos es confianza y seguridad, lo que puede conseguirse a través de una postura erguida (sin llegar a ser arrogante), de pie, apoyándose sobre los dos pies y manteniendo la cabeza alta.

Esta postura es útil, especialmente durante la presentación del curso, porque ayuda a relajar el cuerpo, a facilitar la respiración y a controlar las muestras de nerviosismo, al tener un buen apoyo en el suelo.

A medida que avanza el curso, se pueden adoptar otras posturas que faciliten el descanso (apoyarse), el acercamiento (echar el cuerpo hacia delante) o que resten protagonismo (sentarse).

Gestos

Los gestos son un buen aliado del formador, excepto cuando éste se siente incómodo o nervioso. Gestos de carácter adaptador, como rascarse o colocarse la ropa, pueden delatar su estado emocional.

La mayoría de los gestos cumplen la función de reforzar el mensaje verbal (ilustradores), aunque existen otros cuya función es regular las intervenciones cuando se dirige una discusión de grupo.

Expresiones faciales

Las expresiones de la cara transmiten las emociones y permiten obtener fácilmente una respuesta del alumno.

Una expresión facial agradable, como una sonrisa no forzada, facilita la creación de un ambiente relajado en el aula. Una sonrisa puede ser muy útil también para romper la tensión que inevitablemente surge en algunas sesiones.

Mirada

La mirada, junto con la postura, es uno de los mejores métodos para transmitir confianza (en momentos de nerviosismo se tiende a apartar la vista) y para captar la atención de los alumnos.

Mientras el formador habla debe mantener la mirada sobre los alumnos la mayor parte del tiempo, mirándolos el tiempo suficiente como para que se sientan atendidos pero no incómodos. También se puede utilizar la mirada durante las discusiones de grupo, con una función reguladora de las distintas intervenciones.

_____

Desplazamientos

Realizar desplazamientos en el aula capta la atención del alumnado, además de facilitar el contacto visual. Hay que procurar que no sean repetitivos o bruscos (pasear cerca de los alumnos), y cambiar de un recurso a otro (ir de la pizarra al retroproyector), etc.

 **RECUERDE**

Los recursos no verbales que estudia la Kinesia son:

- Posturas.
- Gestos.
- Expresiones faciales.
- Mirada.
- Desplazamientos.

Estos recursos pueden utilizarse tanto para reforzar lo que se expresa mediante la comunicación verbal como para sustituirlo.

_____

Proxémica

El aspecto de la proxémica que más interesa es la proximidad física entre los individuos, ya que los alumnos pueden sentirse violentos si el formador se aproxima excesivamente a ellos o, por el contrario, verle distante si no se acerca.

Se debe prestar atención a este aspecto, tanto durante las intervenciones como al distribuir el espacio del aula que se va a emplear, evitando siempre que los asientos estén demasiado juntos o demasiado separados.

Paralingüística

Para captar la atención del público, los oradores suelen hacer uso de determinados aspectos como el tono de voz o las pausas, que en algunos casos pueden parecer exagerados.

El formador, aunque emplee el método de la lección magistral, no es un orador y, por tanto, no debe prestar especial atención a estos aspectos, excepto cuando le plantean algún problema, debido a la ansiedad, al cansancio o a un mal estado de salud. Practicar en voz alta y realizar grabaciones durante la fase de preparación puede ayudar a vencer estas dificultades.

Volumen

Aunque el aula sea pequeña, se tiene que realizar el esfuerzo de hablar lo suficientemente alto para que todos los alumnos oigan las explicaciones y, a la vez, transmitir confianza. En general, el volumen se ajustará instintivamente cuando se compruebe dónde se sitúa la persona que se encuentra más alejada.

Entonación

El problema más frecuente, especialmente si se está cansado, es la monotonía, que no contribuye a captar la atención ni a motivar a los alumnos.

El interés que el formador muestre por el tema y una correcta preparación le hará destacar los puntos clave y jugar con la entonación de una forma adecuada a lo largo de toda la exposición.

Pronunciación

Los problemas se presentan especialmente cuando se está nervioso o se habla demasiado rápido. Se debe hacer un esfuerzo por articular todas las palabras de manera limpia y clara, abriendo la boca lo suficiente para pronunciar correctamente las sílabas, consonantes y vocales.

Velocidad

Una velocidad correcta puede ayudar a resolver problemas de pronunciación y de entonación. Se debe hablar a una velocidad normal o algo superior, para facilitar el mantenimiento de la atención. No obstante, si se está nervioso, se puede hablar con mayor lentitud para facilitar la respiración y relajarse. También se debe reducir la velocidad cuando se expliquen conceptos técnicos complejos o cuando se espere alguna respuesta por parte de los alumnos.

 RECUERDE

Los elementos que trata la Paralingüística son:

- El volumen.
- La entonación.
- La pronunciación.
- La velocidad.

Proyección física

Existen determinados factores que, sin que la persona diga ni haga nada, transmiten información y hacen referencia a la imagen física que esta persona proyecta.

Es fundamental que el formador transmita una imagen positiva para los alumnos. Se debe cuidar el aspecto externo y los artefactos que se usen, como los adornos y prendas de vestir. La manera adecuada de vestir depende de la situación y siempre debe estar en consonancia con lo que cada colectivo de alumnos espera del formador.

 EJEMPLO

Sería negativo vestir pieles para impartir un curso cuyo objetivo fuese desarrollar actitudes positivas hacia la protección del medio ambiente.

En cualquier caso, se debe llevar ropa que resulte cómoda, bien cuidada y no demasiado llamativa. A los adornos y al peinado se aplican las mismas reglas que al vestido.

 IMPORTANTE

Un objetivo fundamental del formador es dirigir la atención de los alumnos hacia el contenido que está desarrollando, nunca hacia su persona.

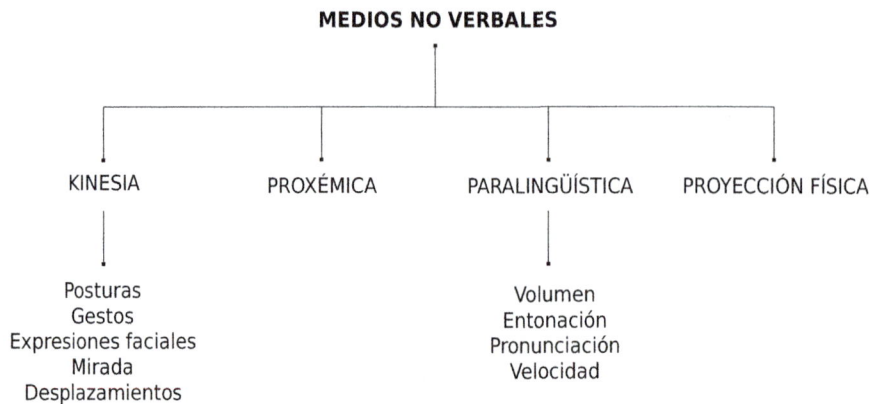

Finalmente, conviene recordar que si el formador observa atentamente la comunicación no verbal que expresan los alumnos, obtendrá una gran cantidad de información.

Hay numerosos signos no verbales que puede mostrar el alumno:

- **Atención:** posturas del cuerpo (inclinado hacia delante, hacia atrás...).
- **Necesidad de hablar:** movimientos sutiles de la boca, de la mano, etc.
- **Irritación:** movimiento de pies, manipulación de objetos sobre la mesa, etc.
- **Concentración:** tomar apuntes, mirar al docente, etc.
- **Cansancio:** cuerpo hundido, suspiros, etc.
- **Inercia:** silencios de todo el grupo, etc.
- **Desinterés:** cerrar el cuaderno, bostezar, mirar al vacío, etc.
- **Sorpresa:** levantar los brazos, abrir la boca, levantar las cejas, abrir los ojos, etc.

Si se observan estos elementos de forma atenta, se podrá obtener información sobre la comprensión del mensaje y el estado emocional de los alumnos, lo que será de gran utilidad para el formador durante el curso.

La comunicación no verbal aporta información al formador sobre los alumnos

5. Técnicas de secuenciación de contenidos

Una vez seleccionados los contenidos, hay que ordenarlos secuencialmente. La **secuenciación y estructuración de los contenidos** es el proceso que permite situarlos en una configuración que produce el máximo aprendizaje en el mínimo tiempo posible.

Algunas de las técnicas para la secuenciación de contenidos son las siguientes:

- Que los contenidos estén de acuerdo con los objetivos propuestos y con los plazos previstos para conseguirlos.
- Empezar por los contenidos más próximos y significativos para el alumno, para llegar poco a poco a lo desconocido. De esta manera, resultará más fácil introducir los nuevos contenidos.
- Ir de lo inmediato a lo remoto.
- Ir de lo concreto a lo abstracto.
- Ir de lo más fácil a lo más difícil. Esto motiva al alumnado porque le va mostrando los avances de manera rápida.

Las principales ventajas que este proceso conlleva son:

- Ayuda al participante a pasar de un conocimiento o habilidad a otro.

➲ Garantiza que los conocimientos y habilidades previas son alcanzados antes de introducir elementos nuevos.

➲ Reduce el tiempo de formación.

➲ Evita la confusión y los fallos en el participante.

Estos puntos son los principales aspectos a tener en cuenta cuando se realiza la presente fase de la programación de la formación, es decir, cuando se fijan los contenidos de la formación.

6. La selección y planificación de estrategias didácticas

Las personas que realizan un curso de formación son diversas, por ello es muy importante que las estrategias didácticas se adapten, de la mejor forma posible, al contexto y permitan una flexibilidad.

 **DEFINICIÓN**

Estrategias didácticas

Son procedimientos que el formador emplea para facilitar el aprendizaje, con la intención de que éste sea significativo.

Tras la selección y estructuración de contenidos, llega el momento de decidir la modalidad de formación a seguir y la metodología a utilizar en su impartición. Pero esta decisión no se puede tomar arbitrariamente, sino que ha de basarse en unos criterios. Los criterios de decisión básicos para determinar qué estrategia y qué método de formación es el adecuado, son:

➲ La compatibilidad con los objetivos.

➲ Los principios generales del aprendizaje del adulto: individualización, motivación, utilidad, practicidad, intereses, etc.

- Los principios de rigor, realismo y participación.
- El carácter eminentemente aplicativo de los aprendizajes.
- La posibilidad de transferir los aprendizajes al puesto de trabajo.
- Los recursos disponibles, incluido el tiempo.
- Los factores relacionados con los participantes, como el estilo de aprendizaje, la edad, el tamaño del grupo, la motivación, etc.

Una vez escogido el método, se observa que ninguno es químicamente puro, sino que unos participan de otros. Por lo demás, todo método puede ser adecuado o inadecuado dependiendo del modo en que sea empleado.

Los formadores deben utilizar los métodos flexiblemente, de la forma que mejor se adapten al estilo de formación, a la materia y a los alumnos, complementando cada método con la técnica y recurso didáctico más acorde.

7. La selección y planificación de medios y recursos didácticos

Para realizar cualquier acción formativa, hace falta algo más que elegir y aplicar unos métodos y unas técnicas. Son necesarios los medios y recursos didácticos, que van a ayudar a desarrollar la metodología seleccionada en el aula. Los medios y recursos didácticos permiten el trasvase de información formador-alumno.

 **DEFINICIÓN**

Medios didácticos
Son materiales elaborados para facilitar los procesos de enseñanza-aprendizaje.

Recursos didácticos
Son soportes mediante los cuales se presentan los contenidos del curso a los alumnos.

A la hora de escoger el medio o recurso a utilizar, se deben tener en cuenta los siguientes criterios:

- **Características de la materia o tema.** Dependiendo de la naturaleza de los contenidos, éstos pueden ser transmitidos por unos u otros métodos.
- **Los objetivos del curso.** Toda selección de medios y estrategias de enseñanza deben realizarse en función de éstos.
- **La disposición del aula y el número de alumnos.** Hay que tener cuidado, sobre todo en la visibilidad de alguno de los recursos, porque pueden perder eficacia.
- **Tiempo disponible para la formación.** Este elemento tiene que estar siempre presente, porque, en función del tiempo que se tenga, se elegirá lo que se adapte mejor a las necesidades.
- **Recursos disponibles,** ya que en algunas ocasiones están a nuestro alcance.
- **El uso que se haga de ellos,** cuál es la finalidad, qué es lo que se pretende y en qué momento se van a utilizar.
- **El nivel de conocimiento de los alumnos** sobre el tema.

Todos estos puntos se han de tener en cuenta a la hora de escoger un medio o recurso didáctico. La finalidad de éstos no es otra que la de fundamentar, apoyar y reforzar el acto formativo.

8. La planificación de la evaluación del proceso de enseñanza-aprendizaje

La aplicación de programas de formación lleva a la obtención de unos determinados resultados. Éstos serán los frutos de la formación y mostrarán el grado de eficacia y eficiencia con que se lleva a cabo la función formativa.

Los resultados indican el éxito de la formación mediante su contraste con los objetivos fijados anteriormente. Este procedimiento recibe el nombre de **evaluación,** proceso ampliamente conocido y con trascendencia reconocida para la formación. Según el proceso de evaluación aplicado, los resultados obtenidos serán reales y fiables, o bien, falseados.

Para que los resultados de la evaluación muestren con certeza el grado de éxito alcanzado con la formación, es necesario un requisito previo: el establecimiento de criterios de evaluación durante el proceso de planificación de la formación. Los criterios actúan como puntos de referencia, a partir de los cuales se valoran los resultados obtenidos.

Los criterios de evaluación han de fijarse con mucha atención, ya que determinan el proceso de evaluación, y éste juzga el grado de éxito de la función formativa.

El primer aspecto a tener en cuenta es la validez: los criterios de evaluación han de ser válidos en relación a los elementos del proceso formativo.

Los aspectos que determinan el grado de validez de los criterios de evaluación son:

- La relevancia.
- La no deficiencia.
- La no contaminación.
- Su fiabilidad.

El establecimiento de criterios válidos y fiables permitirá elaborar un proceso de evaluación de la formación que mida rigurosamente la eficacia y la eficiencia de la función formativa.

9. El seguimiento formativo

El seguimiento es un proceso continuo que sirve para evaluar la eficacia del uso de los recursos y para saber qué iniciativas se pueden emprender para mejorar el aprovechamiento de los recursos formativos.

El seguimiento, además de realizarse después de haber finalizado la planificación formativa, también se realiza antes de la acción.

9.1. Características

El seguimiento formativo permite evaluar los distintos componentes (desde los alumnos hasta todos los elementos que forman la programación) que intervienen en él durante todo el proceso de formación.

El seguimiento formativo se diferencia de la evaluación en que éste tiene que ver más con tareas organizativas, de coordinación, administrativas, etc.; sin embargo, la evaluación valora aspectos de los procesos de formación, como pueden ser la comunicación, el aprendizaje de los nuevos conocimientos, etc.

Con la realización adecuada de un seguimiento formativo:

- Se pueden **descubrir errores o desajustes** en el proceso de enseñanza-aprendizaje antes de que se realice la evaluación final para comprobarlos.
- Se pueden **corregir los errores** en el momento en el que se están produciendo.
- Además, **se detectan los aspectos positivos** que tienen lugar a lo largo de todo el proceso y las **posibles mejoras** que se pueden realizar.

El seguimiento formativo tiene que ser realizado por todas las personas que están implicadas en la realización de los cursos de formación (tutores, coordinadores, técnicos, etc.), por ello, el formador es una figura importante en el proceso de formación, ya que se encuentra implicado en él.

El proceso de formación debe estar planificado, pensado y planteado antes de que empiece la acción de formación, nunca debe llevarse a cabo de manera cerrada, sino que tiene que estar abierto a cualquier cambio que se considere necesario.

9.2. Finalidad

Son varias las finalidades que persigue el seguimiento formativo:

⮞ Ayudar a comprender por qué ocurren algunas cosas y qué se puede hacer para intervenir en ese proceso que se está llevando a cabo.
⮞ Identificar y solucionar los problemas que surgen a lo largo del proceso.
⮞ Contribuir para elaborar planes de formación de manera objetiva, sin desviarse de la finalidad éste.
⮞ Colaborar en la disminución y control del uso de los recursos materiales.
⮞ Determinar el nivel que puede alcanzar el rendimiento y relacionarlo con el rendimiento actual.
⮞ Diagnosticar y detectar problemas para llevar a cabo las acciones correctivas pertinentes.

9.3. Planificación

El seguimiento formativo debe planificarse antes y durante la acción formativa.

El objetivo de este seguimiento es comprobar la eficacia de la acción formativa antes de que ésta llegue a su fin, es decir, es necesario que durante este proceso todos los elementos que van a formar parte del aprendizaje estén planificados.

Los dos momentos que hay que tener en cuenta para planificar el seguimiento formativo son:

⮞ **Antes de la acción formativa:** es necesario conocer las necesidades, el perfil del alumno, qué materiales, instrumentos, recursos, medios didácticos se van a usar.
⮞ **Durante la acción formativa:** aquí el seguimiento se utiliza para comprobar los posibles errores y mejoras que se pueden llevar a cabo. Ofrece la posibilidad de poder modificar aquellas acciones o medios que dificultan el avance del aprendizaje.

10. Instrumentos para el seguimiento

A lo largo de un ciclo formativo pueden suceder errores y surgir problemas, esto abarca desde la identificación de necesidades hasta la planificación, el diseño, la implantación y la evaluación. Por todo esto, es importante saber cuál es la causa del problema y saber tomar las medidas oportunas para que no se origine nuevamente.

Para detectar el origen del problema, siempre se necesita una información determinada, ésta sólo se puede obtener mediante técnicas que ayuden a obtenerlas, es decir, que permitan recabar y analizar los datos obtenidos.

Para el seguimiento del proceso de enseñanza-aprendizaje, se pueden confeccionar diferentes tipos de instrumentos de evaluación, como pueden ser los cuestionarios y utilizar la observación directa, etc., si el tipo de formación lo permite (presencial o semipresencial). Estos instrumentos variarán según el tipo de datos que se quiera conseguir.

Un ejemplo de plantilla para recoger y analizar la información podría ser esta:

CURSO:		1º Módulo	2º Módulo	3º Módulo
Objetivos del módulo	Suficiente			
	Insuficiente			
	Adecuado			
	Inadecuado			
Contenidos del módulo	Suficiente			
	Insuficiente			
	Adecuado			
	Inadecuado			

Continúa en página siguiente >>

<< Viene de página anterior

CURSO:		1º Módulo	2º Módulo	3º Módulo
Metodología	Suficiente			
	Insuficiente			
	Adecuado			
	Inadecuado			
Actividades y recursos	Suficiente			
	Insuficiente			
	Adecuado			
	Inadecuado			
Recursos materiales	Suficiente			
	Insuficiente			
	Adecuado			
	Inadecuado			
Recursos humanos	Suficiente			
	Insuficiente			
	Adecuado			
	Inadecuado			
Proceso de evaluación	Suficiente			
	Insuficiente			
	Adecuado			
	Inadecuado			
Nivel de satisfacción del alumnado	Suficiente			
	Insuficiente			
	Adecuado			
	Inadecuado			

Para el seguimiento del aprendizaje, como la información que se obtiene es de diferente índole, se recogerá mediante la aplicación de las técnicas seleccionadas y elaboradas para la evaluación de cada uno de los aspectos planteados (observación directa de los trabajos, participación, cuestionarios acerca de la motivación y satisfacción del alumnado, etc.).

<< Viene de página anterior

Por ejemplo, los contenidos que se podrían incluir en la "parrilla" de análisis son los siguientes:

CURSO		1er Módulo	2º Módulo	3er Módulo
Conceptos (comprende los contenidos conceptuales)	Con facilidad			
	Con normalidad			
	Con dificultad			
Procedimientos (aplica y desarrolla los contenidos procedimentales)	Con facilidad			
	Con normalidad			
	Con dificultad			
Actitudes (manifiesta las actitudes adecuadas a los contenidos)	Con facilidad			
	Con normalidad			
	Con dificultad			
Motivación y participación	Con facilidad			
	Con normalidad			
	Con dificultad			
Satisfacción del alumno	Con facilidad			
	Con normalidad			
	Con dificultad			

Dos de las herramientas básicas son:

- ⊃ **Los diagramas de flujo:** éstos sirven para desglosar en forma de componentes, para presentar una clara imagen de lo que ocurre.
- ⊃ **Los checklists:** éstos son especialmente útiles para garantizar que se han realizado todas las acciones necesarias. Es otro método de ayuda orientado a los formadores y participantes para preparar, utilizar y solucionar los problemas del equipamiento.

Otros métodos de seguimiento y control que pueden ayudar en la formación son:

⮞ Las reuniones formales e informales.
⮞ Pasar un informe de las sesiones, cuestionarios de satisfacción o formularios de evaluación del curso.
⮞ Entrevistas de evaluación.

 **RECUERDE**

Algunos de los instrumentos de seguimiento más utilizados son:

• Cuestionario de satisfacción
• Cuestionario de motivación
• Observación directa
• Reuniones formales e informales
• Entrevistas de evaluación

11. Metodología de la evaluación del diseño de formación

Los métodos empleados en la evaluación siempre suelen son los mismos, independientemente de que se evalúen los objetivos, los contenidos, los recursos, etc. A pesar de esto, hay que tener en cuenta que no se deben utilizar todos los métodos que se van a nombrar, sino que todo dependerá de lo que se esté evaluando.

Los métodos más frecuentes son:

⮞ Observación sistemática.
⮞ Observación mediante observadores externos o internos del grupo.

⊃ Análisis de trabajo.
⊃ Entrevistas personales.
⊃ Situaciones de simulaciones.
⊃ Diálogos, debates.
⊃ Cuestionarios específicos.
⊃ Inventarios.
⊃ Grabaciones en vídeo.
⊃ Etc.

11.1. Evaluación de los objetivos

Cuando se diseña el programa formativo, se deben concretar los objetivos que serán objeto de evaluación al finalizar el curso, para comprobar si éstos se han alcanzado o no.

Los objetivos marcan aquellos aspectos claves que debe adquirir el alumno para alcanzar unas competencias determinadas. Éstos determinarán lo que el alumno será capaz de saber y saber hacer al acabar el curso, en unas condiciones dadas y con unos medios determinados.

Si, al finalizar el curso, se observa que los objetivos no se han cumplido en su totalidad, hay que analizar cuál ha sido la causa de este error y corregirlos. Si se han cumplido los objetivos, habrá que determinar los motivos de éxito, para volver a ponerlos en práctica en futuros cursos.

Los objetivos marcados al inicio de la formación sirven para:

⊃ Dirigir la formación, es decir, saber hacia dónde se quiere llegar con ésta.
⊃ Comprobar qué se ha logrado.
⊃ Facilitar la evaluación, ya que se sabe cuáles son los objetivos que hay que evaluar.
⊃ Reorientar la formación en el mismo momento que se está realizando.
⊃ Elegir los métodos más adecuados para la formación.

La evaluación de los objetivos debe medirse atendiendo a:

- **Objetivos generales:** son utilizados para saber cuáles son las competencias generales.
- **Objetivos específicos:** parten de los objetivos generales.
- **Objetivos operativos:** son derivados de los específicos. Son objetivos más concretos y siempre deben estar relacionados con actividades u operaciones determinadas. Son los más fáciles de medir.

 **EJEMPLO**

Objetivos específicos para evaluar un curso de primeros auxilios:

- Aprender los conceptos básicos y generales de los primeros auxilios.
- Adquirir las habilidades y aplicar los principios de actuación para poder reaccionar adecuadamente en situaciones de urgencia.
- Conocer los aspectos jurídicos relacionados.

11.2. Evaluación de los contenidos

La evaluación de los contenidos se realizará para comprobar si los objetivos que se habían marcado al principio de la formación se han logrado, así como para eliminar aquellos contenidos que no aportan nada al curso.

Se debe tener siempre en cuenta que se puede lograr un mismo objetivo de formación utilizando diversos contenidos.

Para evaluar los contenidos, hay que comprobar si se ha seguido una secuencia lógica a la hora de impartirlos. Esta secuencia permite que los contenidos sean adquiridos por los alumnos de una manera más significativa, es decir, facilita el aprendizaje de los mismos.

Para que la evaluación de los contenidos resulte positiva, éstos deben ir expuestos:

- De acuerdo con los objetivos propuestos y con los plazos previstos para conseguirlos.
- De lo conocido a lo desconocido.
- De lo inmediato a lo remoto.
- De lo concreto a lo abstracto.
- De lo fácil a lo difícil.

Otro aspecto a tener en cuenta para que la evaluación de los contenidos sea positiva, es que éstos se deben estructurar adecuadamente, por ejemplo, mediante módulos, unidades didácticas, etc. Éstas tienen que abarcar los conocimientos, las habilidades y las actitudes que capacitan al alumno para poner en práctica las funciones que desempeñará en su puesto de trabajo. Por lo general, se pueden constituir equivalencias entre objetivos generales y cursos, objetivos específicos y módulos, unidades didácticas, etc. así como entre objetivos operativos y sesión formativa,.

◎ EJEMPLO

Siguiendo el ejemplo anterior de primeros auxilios, los contenidos que se evaluarán para comprobar si se han logrado o no los objetivos anteriormente propuestos, son:

- Primeros auxilios: conceptos generales.
- Soporte vital básico (reanimación cardio-pulmonar)-adultos.
- Soporte vital básico-niños.
- Soporte vital instrumental.
- Traumatismos osteoarticulares. Inmovilizaciones (vendajes y férulas improvisadas).
- Movilización de urgencia y posiciones de espera.
- Traumatismos craneales y vertebro-medulares.
- Otras situaciones de emergencia.

11.3. Evaluación de la metodología

La evaluación de la metodología consiste en comprobar que los métodos que se han utilizado son los adecuados para lograr los objetivos formativos, aunque éstos deben ser flexibles a la hora de utilizarlos, ya que deben adaptarse a la materia tratada, a los alumnos, a los recursos disponibles, etc.

Para conseguir que la evaluación de la metodología sea positiva, se deben tener en cuenta las características que se emplean para definir un método. Éstas pueden ser:

- Presentar y mostrar la problemática del tema para que, a través de la reflexión y el esfuerzo, el alumno pueda resolverla.
- Respetar tanto la libertad de expresión como de creación.
- Las actividades que están destinadas al alumno tienen que ser dirigidas por el formador para que el alumno reflexione y participe.
- Motivar al alumno, relacionando los temas con sus intereses, motivaciones y necesidades.
- Organizar los nuevos aprendizajes para que se integren con los ya adquiridos.
- Tener en cuenta las limitaciones y las posibilidades que tiene cada alumno.
- Dar lugar a la acción individualizada a través de tareas que requieran planteamientos y acciones individualizadas.

11.4. Evaluación de actividades y recursos

Las **actividades** son unos elementos que acompañan a los contenidos formativos, ya que éstas refuerzan los contenidos que son expuestos por el formador. Siempre debe existir coordinación entre ambos, para esto se deben seleccionar adecuadamente tanto los métodos como las técnicas.

Para evaluar las diversas actividades que se han desarrollado, hay que formular una serie de preguntas para saber si las actividades han sido eficaces o han fallado en su ejecución. Algunas de estas preguntas pueden ser:

- ¿Qué ha hecho el alumno?
- ¿Ha sabido aplicar los conocimientos necesarios para lograr resolver las actividades?
- ¿Valora y comprende la finalidad de la actividad?
- ¿Ha mostrado interés en la realización de la misma?
- ¿Qué ha aprendido?
- ¿Han sido válidas las actividades?
- ¿Cuáles han fallado? ¿Por qué?
- ¿Se han alcanzado los objetivos?
- Etc.

Junto con las actividades, los recursos también tienen que ser evaluados, ya que de ellos va a depender en cierta manera la eficacia de las actividades. Por eso, en la evaluación de los recursos hay que tener en cuenta la eficacia de aquellos que se han utilizado y cuáles son los que se hubieran necesitado para desarrollar el curso.

Se pueden distinguir varios criterios para evaluar la eficacia de los recursos:

- Su calidad, porque actúa como mediador entre la realidad y la estructura cognitiva del alumno.
- El contexto metodológico, ya que todo va a depender de la metodología usada por el formador.
- Los propios alumnos, sus motivaciones, intereses, etc.
- La experiencia del formador en el manejo de los diversos recursos, sus habilidades, etc.

También es necesario tener en cuenta qué evaluar de los recursos:

- La rentabilidad de éstos.
- El aprovechamiento para distintas finalidades.
- El mantenimiento.
- La actualización, deben adaptarse a las nuevas tecnologías.
- La adecuación al proceso de enseñanza-aprendizaje.
- Posibilitar la acción, estimular y responder a las curiosidades presentes en el alumnado.

11.5. Evaluación del formador

La figura del formador es muy importante a lo largo de todo el proceso formativo, ya que, en cierta manera, el éxito o el fracaso de la formación recae sobre él, por lo tanto, es imprescindible conocer previamente a la persona que va a impartir un curso.

El formador es el mediador entre los contenidos y los alumnos, por lo que debe evaluarse de forma continua y a lo largo de todo el proceso de enseñanza-aprendizaje, así como al final del proceso, momento en que se comprobará si los métodos y estrategias que ha diseñado y utilizado han sido los adecuados, introduciendo posibles modificaciones para las prácticas futuras.

La evaluación del formador se puede realizar desde varias vertientes, en cada una de ellas se evalúan aspectos diferentes, pero todas persiguen el mismo fin, que es fomentar la calidad de la formación.

Evaluación realizada por los alumnos

Los alumnos pueden evaluar aspectos como la relación del formador con los alumnos, la organización de las sesiones, el control de clase, la efectividad de la enseñanza, etc.

En la siguiente tabla se muestra un cuestionario a modo de ejemplo:

Marque la opción que más se adecúe a las características que prevalecieron a lo largo del curso

---

1. Las oportunidades que tuve para realizar preguntas en clase fueron:
   a. Frecuentes
   b. Regulares
   c. Escasas
   d. Muy escasas

Continúa en página siguiente >>

<< Viene de página anterior

Marque la opción que más se adecúe a las características que prevalecieron a lo largo del curso

2. El interés que mostró el formador respecto a los alumnos fue:
   a. Satisfactorio
   b. Regular
   c. Poco
   d. Muy pobre

3. El clima existente en el aula fue:
   a. Bueno
   b. Regular
   c. Tenso
   d. Malo

4. En la prueba final se evaluaban los contenidos dados a lo largo del curso:
   a. Sí
   b. No

5. El material presentado en el curso fue:
   a. Original
   b. Poco original
   c. Nada original

6. Las actividades que realicé para asimilar los contenidos fueron:
   a. Útiles
   b. Regulares
   c. Pobres
   d. Inútiles

7. El contenido marcado para el curso se expuso en su totalidad:
   a. Sí
   b. No

8. El grupo de alumnos afectó a mi aprendizaje:
   a. De manera positiva
   b. De manera negativa
   c. No me afectó

9. El material audiovisual me pareció:
   a. Atractivo
   b. Regular
   c. Inadecuado

Continúa en página siguiente >>

<< Viene de página anterior

**Marque la opción que más se adecúe a las características
que prevalecieron a lo largo del curso**

---

10. Los procesos, problemas y soluciones experimentados en el trabajo en
    grupo fueron:
    a. Bien planteados
    b. Regular planteados
    c. Mal planteados

---

11. Las exposiciones por parte del docente me parecieron:
    a. Buenas
    b. Regulares
    c. Malas

---

12. La actuación del profesor durante el curso evidenció:
    a. Un elevado conocimiento de la materia
    b. Un mediano conocimiento
    c. Un escaso conocimiento

---

13. El profesor supo controlar las conductas perturbadoras
    sucedidas a lo largo del curso de forma:
    a. Eficaz
    b. Regular
    c. Ineficaz

---

14. El ritmo que siguió el profesor al exponer los contenidos me pareció:
    a. Muy bueno
    b. Satisfactorio
    c. Monótono

---

15. La secuencia de presentación de los contenidos del curso fue:
    a. Lógica
    b. Regular
    c. Arbitraria

---

16. La actuación del profesor despertó interés y motivación:
    a. Muchas veces
    b. Algunas veces
    c. Pocas veces
    d. Ninguna vez

Evaluación realizada por el propio formador

En esta evaluación, el formador va a evaluar la preparación del curso, el desarrollo del mismo, y también realizará una evaluación propia de su actuación como formador.

En la siguiente tabla se muestra un cuestionario a modo de ejemplo:

Marque la opción que más se adecúe a las características que prevalecieron a lo largo del curso

A. PREPARACIÓN DEL CURSO

1. ¿Cómo ha sido el tiempo con el que ha contado?
   a. Suficiente
   b. Insuficiente

   ¿Por qué? _____

2. ¿Cómo considera la distribución de las sesiones del curso?
   a. Adecuadas
   b. Inadecuadas

   ¿Por qué? _____

3. ¿Ha dispuesto de las guías didácticas del curso?
   a. Sí
   b. No

   ¿Por qué? _____

4. ¿Ha dispuesto de los recursos necesarios para la preparación de sus sesiones?
   a. Sí
   b. No

   ¿Cuáles le han hecho falta? _____

5. Teniendo en cuenta su nivel de formación, ¿ha necesitado apoyo por parte de la dirección del curso?
   a. Sí
   b. No

   ¿Cómo ha sido el apoyo? _____

Continúa en página siguiente >>

<< Viene de página anterior

**Marque la opción que más se adecúe a las características
que prevalecieron a lo largo del curso**

B. DESARROLLO DEL CURSO

6. ¿El desarrollo de las sesiones (distribución y tiempo) se ha correspondido con la planificación prevista?
   - a. Sí
   - b. No

7. ¿La metodología utilizada para el desarrollo de las sesiones ha propiciado la participación e implicación del alumnado?
   - a. Sí
   - b. No

   ¿Por qué? _____

8. ¿Considera que el clima del curso ha sido el adecuado?
   - a. Sí
   - b. No

   ¿Por qué? _____

9. ¿El contexto donde se ha desarrollado el curso ha sido adecuado y oportuno?
   - a. Sí
   - b. No

   ¿Por qué? _____

10. ¿Ha conseguido los objetivos propuestos?
    - a. Sí
    - b. No

    ¿Por qué? _____

C. AUTOEVALUACIÓN

11. Evalúe de 1 a 4 los siguientes apartados relacionados con su intervención como formador, donde:
    1. Considero imprescindible mejorar mi formación en este aspecto.
    2. Considero necesario mejorar mi formación en este aspecto.
    3. Cuento con recursos necesarios para el desarrollo ajustado del curso, pero podría encontrar dificultades si éste cambia el rumbo prefijado.
    4. Mi formación al respecto es adecuada y dispongo de recursos suficientes para el desarrollo óptimo del curso.

Continúa en página siguiente >>

<< Viene de página anterior

**Marque la opción que más se adecúe a las características
que prevalecieron a lo largo del curso**

	1	2	3	4
Dominio de los contenidos				
Metodología/didáctica empleada				
Comunicación con el alumnado				
Trabajo en equipo				

D. AMPLIACIÓN

Puede anotar a continuación cualquier aportación que desee realizar y no haya sido considerada en este cuestionario.

_____
_____

11.6. Tipos de evaluación

Existen diferentes tipos de evaluación, cada una se aplicará atendiendo a diferentes criterios.

Según su finalidad o función de la evaluación

Diagnóstica

Esta evaluación, como su nombre indica, tiene un carácter diagnóstico, ya que permite que se conozcan las potencialidades del alumno. De esta manera, la actividad didáctica se dirige de forma más efectiva.

Formativa

Se utiliza como estrategia para mejorar y ajustar los procesos formativos en el momento que se están llevando a cabo, para alcanzar las metas y los objetivos marcados. La evaluación formativa es aplicable a la evaluación de procesos.

Sumativa

Se aplica a la evaluación de productos terminados, es decir, se sitúa concretamente cuando finaliza un proceso, cuando éste se considera acabado. Su propósito es determinar el grado en que se han conseguido los objetivos establecidos, para evaluar de forma positiva o negativa el resultado. Esta evaluación permite tomar medidas tanto a medio como a largo plazo.

Según el momento de aplicación de la evaluación

Inicial

Se produce al principio del proceso de enseñanza-aprendizaje. La función que tiene la evaluación inicial es identificar el nivel de conocimientos que tienen los alumnos que inician un curso y, de esta manera, comprobar si los alumnos cuentan con los conocimientos necesarios para comenzarlo, y determinar si es posible impartirlo de acuerdo al programa formativo o si se requiere alguna modificación.

Procesual

La evaluación procesual se basa en valorar, de forma continua, el aprendizaje de los alumnos y la enseñanza del profesor, a través de la recogida sistemática de datos, toma de decisiones, etc.

La evaluación procesual es totalmente formativa, ya que, al favorecer la recogida continua de datos, permite tomar decisiones en el mismo momento que se considere necesario.

Los resultados que se obtienen forman la base permanente para el formador a la hora de programar las actividades diarias, así como para establecer las actividades y los procedimientos más apropiados. De esta manera, se evitan las dificultades que se puedan producir en los aprendizajes que se están llevando a cabo. La finalidad de todo esto es evitar errores y vacíos en los aprendizajes posteriores.

Final

La evaluación final es aquella que se realiza al finalizar la formación, por lo tanto ésta recoge y valora los resultados obtenidos a lo largo de un periodo formativo.

Según su extensión

Global

Tiene en cuenta todos los elementos y procesos que guardan relación con todo lo que es objeto de evaluación. Por ejemplo, si se trata de evaluar el proceso de aprendizaje de los alumnos, esta evaluación se centra en todas las áreas en general, pero sobre todo en los diversos tipos de contenidos de enseñanza (conceptos, procedimientos, valores, normas, etc.).

Parcial

Esta evaluación no se realiza de manera global, sino que se lleva a cabo por partes, es decir, evalúa los componentes que más interesan.

Según los agentes que realizan la evaluación

Autoevaluación o evaluación interna

Es el proceso sistemático mediante el cual una persona o grupo examina y valora sus procedimientos, comportamientos y resultados, para identificar qué quiere corregir o modificar en él. La evaluación interna muestra que los alumnos están más motivados a la hora de realizar una tarea difícil. La puesta en práctica de la autoevaluación no conlleva que el profesorado abandone sus funciones, sino que implica una concepción diferente de la enseñanza.

La autoevaluación ofrece al estudiante ayuda para descubrir sus necesidades, cantidad y calidad de su aprendizaje, causas de sus problemas, dificultades y éxitos en el estudio. De esta manera, el alumno puede conocerse de manera más concreta.

Heteroevaluación o evaluación externa

La evaluación externa es realizada o llevada a cabo por otra persona que no es el protagonista del aprendizaje. En esta evaluación, lo más frecuente es que el profesor evalúe al alumno.

TIPOS DE EVALUACIÓN	
Según su finalidad o función	- Diagnóstica - Formativa - Sumativa
Según su momento de aplicación	- Inicial - Procesual - Final
Según su extensión	- Global - Parcial
Según los agentes que la realizan	- Autoevaluación o evaluación interna - Heteroevaluación o evaluación externa

Solucionarios de ejercicios de repaso y autoevaluación

Contenido

Planificación y apertura de un pequeño comercio

Solucionario Capítulo 1

1. Señale cuál de estas afirmaciones sobre el plan de negocio es incorrecta.

   a. Es una obligación su realización.
   b. No es una obligación su realización.
   c. Existen diferentes estructuras de planes de negocio.
   d. Orienta sobre aspectos legales.

2. ¿Qué significado tiene el recurso cuyas siglas son VUE?

   a. Ventanilla Única Europea.
   b. Ventanilla de la Unión Europea.
   c. Ventanilla Única Empresarial.
   d. Todas las opciones son incorrectas.

3. El objetivo del análisis DAFO es:

   a. Conocer las características de los clientes.
   b. La segmentación del mercado en 4 grupos.
   c. Determinar las ventajas competitivas.
   d. Todas las opciones son incorrectas.

4. Relacione los siguientes elementos del análisis DAFO.

   a. Debilidad.
   b. Amenaza.
   c. Fortaleza.
   d. Oportunidad.

   d. Precio elevado de los productos de la competencia.
   b. Inestabilidad del mercado.
   a. Escasez de recursos financieros.
   c. Buenos conocimientos del sector.

5. La selección de la ubicación del local es una decisión a...

    a. ... corto plazo.
    b. ... medio plazo.
    c. ... largo plazo.
    d. ... medio y largo plazo.

6. Complete la siguiente oración.

Para decidir la mejor ubicación hay que tener en cuenta, entre otros elementos, el tipo **de actividad a desarrollar**, el **tamaño** necesario para dicha actividad, el coste del local, y la ubicación de **su competencia**.

7. Señale por qué razón es importante el tipo de actividad en la búsqueda de la ubicación.

Dependiendo del tipo de actividad los requisitos serán diferentes. Según la actividad habrá empresas que necesiten disponer de plazas de aparcamiento, de un espacio para la carga y descarga, o simplemente de un espacio dentro de la acera (como es el caso de una cafetería). Asimismo, hay negocios que por contaminación acústica, peligrosidad, o simplemente por contaminación medioambiental necesitan una ubicación muy específica.

8. ¿Cuál de las siguientes afirmaciones no es correcta?

    a. El plan de negocio comprende entre otros el plan comercial.
    b. En el pequeño comercio el plan comercial es más básico.
    c. En el pequeño comercio la inversión es más limitada.
    d. En el pequeño comercio el plan comercial es más desarrollado.

9. Defina el concepto de urbanismo comercial.

El concepto de urbanismo comercial recoge todos aquellos factores que integran los espacios urbanos, pero medidos y valorados desde un punto de vista comercial. Abarca todas las plazas, calles, ámbitos socioeconómicos y culturales que conforman el espacio vital de la cuidad.

10. ¿Qué elementos son susceptibles de ser evaluados en el estudio del entorno? (Cite al menos cuatro).

Son muchas las variables que integran el entorno y que pueden afectar al negocio. Entre ellas se pueden destacar las siguientes:

- Económica
- Política
- Tecnológica
- Sociocultural

11. Con la segmentación del mercado se pretende...

a. ... dividir el mercado en pequeños grupos.
b. ... formar grupos homogéneos.
c. ... segregar atendiendo criterios muy variados.
d. **Todas las opciones son correctas.**

12. Entre los diversos métodos expuestos para representar la zona de influencia señale cuál no corresponde a ninguno.

a. Método de área isócrona.
b. Método de área circular.
c. Método de área simple o múltiple.
d. **Método de área cuadricular.**

13. Establezca la diferencia entre el concepto de clientela actual y clientela potencial.

La clientela actual es el conjunto de consumidores que demandan bienes o servicios de forma habitual a una empresa, mientras que la clientela potencial es el conjunto de consumidores que reúne todas las características para convertirse en un posible cliente futuro de los productos o servicios de una empresa.

14. ¿Cuál de las siguientes afirmaciones es incorrecta respecto al empleo de las tecnologías en el sector minorista?

    a. Ahorran espacio.
    b. Disminuyen los costes.
    c. **Incrementan los *stocks*.**
    d. Incrementan las medidas de seguridad.

15. ¿Qué significado tienen las siglas TPV?

    a. Tecnología Para la Venta.
    b. Tecnología Punta de Vídeo.
    c. **Terminal Punto de Venta.**
    d. Terminal Para Verificación.

Solucionario Capítulo 2

1. **Explique en qué consiste un plan de inversión y la razón de su importancia.**

El plan de inversión consiste en elaborar las previsiones de inversión futuras a medio y largo plazo del negocio valorando la situación económico-financiera actual de la empresa y planificando su evolución para los próximos años, normalmente en un horizonte de 2 a 5 años.

Es importante para la puesta en marcha de la empresa ya que en él se detallan todos los activos disponibles así como un plan de financiación (integrado por las fuentes de financiación propias y ajenas) para afrontar las inversiones necesarias para el inicio de actividad, así como para su funcionamiento.

2. **¿Cuál es la diferencia principal entre las fuentes de financiación ajenas y las fuentes de financiación propias?**

La financiación ajena contiene todos aquellos recursos que provienen de sujetos ajenos a la empresa, como por ejemplo de préstamos o créditos, mientras que la financiación propia comprende todas las aportaciones propias que realiza el propietario de la empresa.

3. **Complete la siguiente oración.**

Se denomina *leasing* a aquel contrato de arrendamiento financiero por el que una empresa arrienda el uso de un bien a cambio de **una cuota periódica,** por un tiempo determinado, y en el que a su vencimiento pueden darse 3 casos: **devolver el bien,** prorrogar el contrato, o **ejercer la opción a compra.**

4. **Exponga tres diferencias entre el contrato de *renting* y de *leasing*.**

▪ El contrato de *renting* es un contrato de arrendamiento no financiero, mientras que el contrato de *leasing* sí es un contrato de arrendamiento financiero.
▪ En el contrato de *renting* el arrendador asume una serie de servicios como son el seguro o el mantenimiento, mientras que en el contrato de *leasing* no.
▪ En el contrato de *leasing* sí cabe la posibilidad de opción a compra mientras que en el *renting* no es habitual.

5. **Las subvenciones y ayudas públicas provienen...**

    a. ... del Estado.
    b. ... de la Unión Europea.
    c. ... de las comunidades autónomas.
    d. Todas las opciones son correctas.

6. **¿Qué función tiene el estudio de la cuenta de resultados para la empresa?**

Su principal función es prever los resultados que puede obtener la empresa (beneficio o pérdida) a lo largo de un periodo, analizar la composición de las distintas partidas y conocer así las causas que provocan las pérdidas o beneficios.

7. **¿Cuál es la base fundamental de las amortizaciones para la empresa?**

Las amortizaciones son imprescindibles para que las empresas puedan reemplazar el inmovilizado cuando este ya no sea útil. Es decir, de forma periódica la empresa reserva unos fondos por el valor estimado de depreciación que sufren sus bienes, para así disponer de los recursos necesarios para su sustitución al final de su vida útil.

8. **¿Qué tipo de información aporta el concepto de umbral de rentabilidad?**

El umbral de rentabilidad indica a la empresa el punto en el que sus ingresos se igualan a sus costes, es decir, el nivel de ventas necesario para no tener pérdidas y a partir del cual se empiezan a obtener beneficios.

9. **¿Cuál es la importancia de un plan de tesorería?**

La importancia de un plan de tesorería radica en que permite prever los distintos niveles de liquidez que tendrá la empresa a lo largo de sus primeros años de vida y evitar situaciones negativas, como por ejemplo la suspensión de pagos. Asimismo, va a permitir buscar con antelación los recursos que se necesiten con un menor coste.

10. Relacione a continuación los siguientes ratios con su correspondiente formulación:

    a. Ratio de liquidez.
    b. Ratio de endeudamiento.
    c. Ratio de calidad de la deuda.
    d. Ratio de solvencia.

    c. R. Calidad deuda = Acreedores L/P/Acreedores C/P + L/P.
    b. Endeudamiento = Fondos ajenos/Fondos propios.
    d. Activo circulante/Pasivo circulante.
    a. Activo corriente/Pasivo corriente.

11. **¿En qué se diferencian las compañías de seguro y las empresas de reaseguros?**

Las compañías de seguro son aquellas que realizan directamente el contrato de seguro con el asegurado, mientras que las empresas de reaseguros son aquellas que comparten el riesgo asumido por las empresas de seguros. Es decir, las compañías de seguro les ceden una parte o la totalidad de los riesgos que tienen asumidos con el asegurado.

12. **¿Cuál de estos elementos debe tener en cuenta la empresa a la hora de establecer su margen comercial?**

    a. El margen de beneficio deseado por la competencia.
    b. El precio de la competencia.
    c. El coste de producción de la competencia.
    d. Todas las opciones son incorrectas.

13. **¿Cómo afecta el IVA al empresario?**

    a. Supone un coste añadido.
    b. Supone un incremento del precio.
    c. No le afecta.
    d. Todas las opciones son correctas.

14. ¿Qué descuentos se pueden dar en ventas *online?*

Fundamentalmente, al tener unos costes de ventas menores posibilitan la realización de descuentos con respecto a la venta asistida. Los principales descuentos son los descuentos por el simple hecho de comprar *online,* por cupón descuento o por compras colectivas.

15. La estrategia de discriminación de precios consiste en...

a. ... establecer diferentes precios para un mismo producto.
b. ... establecer precios bajos desde el inicio.
c. ... estabilizar el precio a un nivel normal de mercado.
d. ... establecer descuentos o rebajas según la competencia.

Solucionario Capítulo 3

1. **¿Cuáles son las variables que hay que tener en cuenta para elegir la forma jurídica de la empresa?**

   A la hora de decidirse por una forma jurídica u otra habrá que analizar cuestiones tales como:

   ▌ El tipo de actividad a ejercer.
   ▌ El número de personas que intervengan en el negocio.
   ▌ El modo de cómo se quiere asumir la responsabilidad.
   ▌ Las necesidades económicas y sus costes.
   ▌ Las necesidades de gestión.
   ▌ Los aspectos fiscales.
   ▌ La imagen externa.

2. **Explique por qué razón se dice que dependiendo del tipo de forma jurídica escogido, puede resultar más o menos beneficioso para la empresa a efectos fiscales.**

   Dependiendo del tipo de sociedad la tributación varía. Prueba de ello es el caso del autónomo, de las sociedades civiles y de las comunidades de bienes, donde se realiza la tributación a través del IRPF, mientras que en las demás sociedades se efectúa a través del Impuesto de Sociedades (IS). La diferencia estriba en que en el IRPF se aplica un tipo impositivo progresivo en función de los beneficios, en el Impuesto de Sociedades se aplica un tipo fijo (30 % con carácter general y 25 % para pymes con una cifra de negocios inferior a 10 millones de euros). Por ello, llegado a un determinado nivel de beneficios, interesa más la tributación por el Impuesto de Sociedades.

3. **¿Es correcta la siguiente afirmación? "El empresario individual es aquella persona física que desarrolla en nombre propio y por medio de una empresa una actividad comercial".**

   a. No, solo puede desarrollar una actividad profesional.
   b. **Sí, e incluso puede desarrollar una actividad profesional e industrial.**
   c. Sí, y conlleva una responsabilidad limitada a la aportación de la empresa.
   d. No, ya que lo desarrolla en nombre propio y nunca por una empresa.

4. **¿A qué régimen de afiliación a la Seguridad Social pertenece el trabajador autónomo?**

Al RETA: Régimen Especial de Trabajadores Autónomos.

5. **¿Cuál es la función de las Ventanillas Únicas Empresariales (VUE)?**

Son centros de información que facilitan la labor a los empresarios. Ofrece en un mismo espacio físico la posibilidad de obtener una completa información y asesoramiento para la creación de empresas.

6. **¿Cómo se denomina el trámite por el cual la empresa consigue acreditar que el nombre comercial de la empresa no está registrado por otra?**

    a. Solicitud de registro de denominación social.
    b. Solicitud de inscripción en la escritura de constitución.
    c. Solicitud de calificación negativa de denominación social.
    d. Solicitud de certificación negativa de denominación social.

7. **¿Es necesaria la comunicación de apertura de un negocio? Razone la respuesta.**

El empresario tiene la obligación de comunicar el inicio de actividad, principalmente con una finalidad de control de las condiciones de seguridad y salud laboral. Tiene de plazo para realizar dicha comunicación 30 días desde que inicie su actividad.

8. **Complete la siguiente oración.**

Todo empresario debe disponer de **hojas de reclamaciones** en su establecimiento, así como de la correspondiente **cartelería informativa** en las paredes informando de ello. Se obtienen de las **Juntas Municipales de Distrito,** o bien en las oficinas de la **Dirección General de Consumo.**

9. **Exponga tres trámites laborales necesarios para la creación de una nueva empresa.**

    ▌ Inscripción de la empresa en la Seguridad Social.
    ▌ Afiliación de los trabajadores en la Seguridad Social.
    ▌ Confección del calendario laboral.

10. La licencia urbanística se solicita...

a. ... en el Registro Mercantil.
b. **... en el Ayuntamiento.**
c. ... en la Seguridad Social.
d. Todas las opciones son incorrectas.

11. ¿Cuál de estas causas es motivo de resolución del contrato de arrendamiento?

a. El subarriendo del local.
b. La venta del local.
c. **El impago de la renta.**
d. Todas las opciones son correctas.

12. Cite al menos tres causas de extinción de los contratos de arrendamiento.

- La voluntad de las partes.
- La conclusión del plazo pactado.
- Por la muerte del arrendatario.

13. Defina el concepto de planimetría y explique su finalidad.

La planimetría consiste fundamentalmente en la representación a escala de cada uno de los elementos significativos de un terreno sobre una superficie plana.

Su finalidad reside en la posibilidad de realizar una representación de todos los elementos, y por tanto su planificación, distribución y diseño antes de plasmarlo en la realidad.

14. ¿Cuál es la diferencia entre un contrato de arrendamiento y un contrato de traspaso?

Son contratos similares aunque en el contrato de traspaso el adquiriente se convierte en arrendatario debiendo subrogarse a todos los derechos y obligaciones del contrato de arrendamiento inicial. Es decir, en un traspaso se adquieren tanto los activos como los pasivos del anterior arrendatario. Otra diferencia es que aparte de una cuota periódica se suele exigir una cantidad de dinero en concepto de las instalaciones y reformas realizadas en el local.

15. En el diseño y la decoración, ¿qué elementos ofrecen un gran impacto visual y no requieren ninguna reforma de importancia?

- Los rótulos
- El escaparate
- La fachada exterior (diseño y colorido)
- La iluminación

16. ¿En qué se diferencia el plan de negocio con el proyecto de tienda?

El plan de negocio recoge unas ideas de negocio, y con él se estudian todos los factores que intervienen para ir definiendo y concretando dichas concepciones.

El proyecto de tienda es aquel documento donde se recoge cada uno de los factores seleccionados en los estudios realizados en el plan de negocios y que posibilitan llevar a la práctica las aspiraciones iniciales cumpliendo los objetivos previstos.

Solucionario 2

Gestión económica básica del pequeño comercio

 Solucionario Capítulo 1

1. **Defina el pequeño comercio.**

El pequeño comercio es aquel que está ubicado en la penúltima fase de la cadena de comercialización, que transfiere bienes o presta servicios a consumidores finales, ubicados en la última fase de dicha cadena.

2. **Relacione los siguientes elementos:**

   a. IVA superreducido del 4 %.
   b. IVA general del 21 %.
   c. IVA reducido del 10 %.
   d. Estimación objetiva o módulos.

   b. Se aplica por defecto a todos los productos y servicios. Electrodomésticos, ropa, calzado, etc. La mayoría de artículos está sometida a este tipo.
   c. Entre los productos o servicios que tributan por este tipo, destacar, entre otros, servicios de hostelería, transporte de viajeros, etc.
   a. Se aplica a los productos de primera necesidad, entre ellos, el pan, huevos, frutas, hortalizas, etc.
   d. Aplicables a las actividades que determine la correspondiente Orden Ministerial.

3. **Indique si las siguientes afirmaciones son verdaderas o falsas.**

   a. La estimación objetiva se aplicará exclusivamente cuando el pequeño comercio lo quiera aplicar.

   ☐ Verdadero
   ☑ **Falso**

   b. La estimación directa simplificada se aplicará si el importe neto de la cifra de negocios del conjunto de actividades, en el año anterior, no supera los 600.000 €.

   ☑ **Verdadero**
   ☐ Falso

c. A los efectos de la Ley del IVA, se considerarán comerciantes minoristas los sujetos pasivos que, entre otras características, realicen habitualmente entregas de bienes muebles sin haberlos sometido a proceso alguno de fabricación, elaboración o manufactura, por sí mismo o por medio de terceros.

☑ **Verdadero**
☐ Falso

d. Los proveedores no están obligados a liquidar el recargo de equivalencia y a repercutirlo a los minoristas.

☐ Verdadero
☑ **Falso**

4. Señale la opción correcta respecto a la declaración del modelo 111.

a. Retenciones por el alquiler de los locales comerciales.
b. Pago fraccionado en Estimación Directa.
c. Autoliquidación del IVA general.
d. Retenciones a trabajadores en las nóminas.

5. Defina el Impuesto sobre la Renta de las Personas Físicas.

El IRPF es un impuesto directo que grava la renta obtenida de ingresos, bien sean obtenidos por cuenta ajena (los asalariados) o ingresos por cuenta propia (autónomos, empresarios, profesiones liberales, etc.), por plusvalías obtenidas de su patrimonio (venta de una vivienda), prestaciones públicas (prestación por desempleo o jubilación), por rentas del capital, etc.

6. Señale la opción correcta:

a. Los libros obligatorios son el libro diario y el libro mayor.
b. Los libros obligatorios son el libro mayor y las cuentas anuales.
c. Los libros obligatorios son el libro diario, el libro de inventario y de cuentas anuales.
d. Todas las opciones son correctas.

7. Defina, según el Código de Comercio, quién debe llevar contabilidad y de qué forma.

Según este, todo empresario deberá llevar una contabilidad ordenada, adecuada a la actividad de su empresa, que permita un seguimiento cronológico de todas sus operaciones, así como la elaboración periódica de balances e inventarios. Llevará necesariamente, sin perjuicio de lo establecido en las leyes o disposiciones especiales, un libro de Inventarios y Cuentas anuales y otro Diario.

8. Enumere los principales contratos.

- Indefinidos
- Formativos
- De duración determinada
- Para personas con discapacidad
- Otros

9. Entre las partes de la nómina se encuentran...

 a. ... las bases de cotización y retención.
 b. ... las deducciones.
 c. ... los devengos.
 d. **Todas las opciones son correctas.**

10. Enumere las cotizaciones obreras a la Seguridad Social.

- Por Contingencias Comunes.
- Por Desempleo.
- Por Formación Profesional.
- Por Horas Extraordinarias: las cuales pueden ser por fuerza mayor o estructurales o no estructurales.

11. Señale la opción correcta con respecto a la sede de la Agencia Tributaria.

 a. **No es necesario identificación electrónica para entrar en la sede de la Agencia Tributaria.**
 b. Es necesario identificación electrónica para entrar en la sede de la Agencia Tributaria.

c. No se requiere identificación electrónica para acceder a los apartados "mis expedientes", "mis datos censales" y "mis notificaciones".

d. Todas las opciones son correctas.

12. Defina la ventanilla única.

La ventanilla única, desde el punto de vista del comerciante, es un proceso para simplificar la burocracia administrativa, de forma que el emprendedor agilice sus gestiones para la apertura de un centro de trabajo en el que va a desarrollar una actividad económica. Mediante esta ventanilla única, el emprendedor se dirige a una Administración y entrega toda la documentación necesaria, siendo la propia Administración la que internamente distribuya la documentación a su lugar correspondiente, aprovechando las tecnologías de la información.

13. Señala el ámbito de actuación que no es propio de Sistema RED.

a. Liquidación de las cotizaciones.

b. Afiliación.

c. Liquidación de retenciones por IRPF.

d. Tramitación de partes de alta y baja por incapacidad.

14. Defina lo que es una aplicación a medida y enumere, al menos, dos características de la misma.

El *software* o aplicación a medida es aquel que se diseña, como indica la palabra, a la medida del usuario, de la empresa y de su forma de trabajar. Es decir, busca complacer todas las necesidades y adaptarse lo mejor posible a lo que una empresa necesita.

Características de las aplicaciones a medida:

▍ Tiene su tiempo de desarrollo.

▍ Se adapta a las necesidades específicas de la empresa.

▍ Es probable que pueda contener errores y deba mejorar.

▍ En general, es más costoso que el *software* estándar.

15. ¿Qué se conoce por TPV? ¿Y por datáfono?

Terminal Punto de Venta, también conocido como TPV, es el dispositivo y tecnología que ayuda a la gestión del pequeño comercio de venta al público, que puede contar con sistemas informáticos especializados mediante una interfaz accesible para los vendedores.

El datáfono es un equipo que se instala en los establecimientos bancarios, hoteles, comercios, etc., a través del cual se puede pagar mediante tarjeta de crédito y débito.

Solucionario Capítulo 2

1. ¿Cuáles son las funciones del departamento de tesorería?

Son funciones del departamento de tesorería:

▌ Vigilar el dinero.
▌ Prever cobros y pagos.
▌ Negociación de las condiciones bancarias para tomar dinero prestado, ya sea por préstamos, pólizas de crédito, descuentos y gestión de cobro de efectos.

2. Relacione los siguientes elementos:

a. Activo no corriente.
b. Activo corriente.
c. Pasivo no corriente.
d. Pasivo corriente.

<u>d.</u> Está formado por las deudas que la empresa debe reintegrar en un plazo inferior al año, por ejemplo, pago a proveedores, a Hacienda, a la Seguridad Social, etc.
<u>c.</u> Está formado por las deudas que la empresa debe reintegrar en un plazo superior al año, por ejemplo, la parte de las cuotas de amortización de un préstamo que son mayores al año.
<u>a.</u> Está formado por un conjunto de elementos que van a permanecer en la empresa más de un año. Como ejemplo, mencionar una máquina, un ordenador, etc.
<u>b.</u> Está formado por un conjunto de elementos que no van a permanecer en la empresa más de un año, por lo tanto, está en constante cambio. Como ejemplo, mencionar dinero en efectivo, clientes, mercaderías, etc.

3. Indique si son verdaderas o falsas las siguientes afirmaciones.

a. Los elementos del Activo se ordenan de mayor a menor liquidez.

☐ Verdadero
☑ **Falso**

b. Los elementos del Pasivo se ordenan de menor a mayor liquidez.

☐ Verdadero
☑ **Falso**

c. El Fondo de Maniobra es la diferencia entre el pasivo corriente y el activo corriente.

☐ Verdadero
☑ **Falso**

d. Si el Fondo de Maniobra es positivo indica que la empresa está en equilibrio financiero a corto plazo.

☑ **Verdadero**
☐ Falso

4. **Señale la opción correcta respecto a los flujos de entrada y salida.**

a. Pueden provenir de las actividades de explotación.
b. Pueden provenir de las actividades de inversión.
c. Pueden provenir de las actividades de financiación.
d. **Todas las opciones son correctas.**

5. **¿Cuáles son los métodos de previsión de flujos de entrada y salida?**

El primer método es a través del *cash flow,* que es la cantidad de dinero que la empresa ha generado en período determinado. Si se conoce el saldo de tesorería a una fecha determinada y se conoce la cuenta de resultados prevista, se dispondrá del *cash flow.* Por tanto, se podría estimar que el saldo final de tesorería será el saldo inicial más el *cash flow.*

El segundo método es a través del balance. La cuenta de clientes nos indica el valor de las facturas que los clientes aún no han abonado. Por otro lado, en la partida de caja y banco se puede saber el dinero disponible y también si existen inversiones en bolsa se pueden liquidar y hacerlas efectivo. La suma de las anteriores partidas supone entrada de dinero a corto plazo en el negocio. En el pasivo están los proveedores, que nos indica los pagos pendientes y acreedores que son los pagos pendientes frente a Hacienda, empresas de servicios, trabajadores, deudas por préstamo a corto plazo al banco, etc.

Por todo ello, a través del balance se puede estimar si la empresa va a tener dificultades de tesorería a corto y medio plazo.

El tercer método es a través de llevar con rigor mensualmente el estado de tesorería en base a los plazos de cobros y plazos de pago de ventas, gastos, compras e inversiones.

6. Defina según el Plan General de Contabilidad las cuentas financieras.

Las cuentas financieras (Grupo 5) son instrumentos financieros por operaciones ajenas al tráfico de la empresa con vencimiento no superior al año y medios líquidos disponibles.

Las cuentas de tesorería se encuentran dentro del subgrupo 57 y son:

- 570. Caja, euros.
- 571. Caja, moneda extranjera.
- 572. Banco e instituciones de crédito, c/c vista, euros.
- 573. Banco e instituciones de crédito, c/c vista, moneda extranjera.
- 574. Banco e instituciones de crédito, cuenta de ahorro, euros.
- 575. Banco e instituciones de crédito, cuenta de ahorro, moneda extranjera.
- 576. Inversiones a corto plazo de gran liquidez.

7. Señale la opción correcta:

- a. **El cobro a clientes genera una entrada de tesorería o liquidez para la empresa.**
- b. Las empresas prefieren vender a plazos.
- c. El cobro solo puede ser al contado.
- d. Todas las opciones son correctas.

8. ¿Cómo se desglosa el proceso de compras?

El proceso de compras se puede desglosar de la siguiente manera: primero la empresa establece sus necesidades, a continuación se selecciona la oferta y se realiza el pedido, se controla la recepción de facturas y, por último, se procede al pago en las condiciones pactadas.

9. Señale la opción incorrecta.

    a. El dinero no siempre entra al mismo ritmo que sale.

    b. El dinero en el banco no debe exceder de lo necesario para realizar el pago de nóminas mensuales y el pago a proveedores y acreedores.

    c. Hay que negociar con los bancos las mejores condiciones financieras.

    d. Todas las opciones son incorrectas.

10. Definición de proveedores.

Los proveedores son aquellas personas o entidades que venden a una empresa bienes que son objeto del tráfico habitual de la misma y que no cobran en el momento del suministro sino en un momento posterior.

11. Señale la afirmación correcta con respecto a los clientes:

    a. Los clientes son aquellas personas o entidades que compran a una empresa bienes que son objeto del tráfico habitual de la misma y que no pagan en el momento de la venta sino en un momento posterior.

    b. El pequeño comerciante debe alargar el periodo de cobro a clientes.

    c. El pequeño comerciante debe disminuir el período de pago a proveedores.

    d. Todas las opciones son correctas.

12. Defina las inversiones de renta variable:

Son inversiones de renta variable aquellas que representan una parte del capital de una empresa, que le dan derecho al cobro de una renta en función del beneficio que se obtenga, que recibe el nombre de acciones.

13. Señale la opción incorrecta:

    a. Inversiones financieras temporales en instrumentos de patrimonio son las acciones cotizadas o no.

    b. Valores representativos de deuda a corto plazo, son obligaciones, bonos y otras variables de renta fija.

    c. Las acciones y los valores de renta fija no proporcionan una rentabilidad.

    d. Las opciones a y c son correctas.

14. Defina el VAN.

El VAN, por definición, es el valor actual neto y consiste en actualizar los flujos de tesorería y compararlos con la inversión inicial.

La fórmula a utilizar es:

$$VAN = -A + FNC_1/(1+ i)^1 + FNC_2/(1 + i)^2 + ...+ FNC_N/(1 + i)^N$$

Donde

- A es el desembolso inicial.
- FNC son los flujos de caja de la inversión.
- i es el tipo de interés.

Pueden ocurrir varias circunstancias:

- VAN > 0, la inversión es viable.
- VAN < 0, la inversión no es viable.
- VAN = 0, la inversión es indiferente.

15. ¿En qué consiste el descuento de letra de cambio?

El descuento de la letra de cambio consiste en llevar al banco una letra de cambio previamente aceptada por el cliente para que el banco conceda un anticipo teniendo que pagar al banco intereses por descuento y comisiones.

Solucionario Capítulo 3

1. **Definición de albarán y función principal.**

   El albarán, también llamado nota de entrega, es un documento que confecciona el vendedor y lo entrega al comprador junto con la mercancía. La función principal del albarán es servir de justificante para acreditar frente al cliente que la mercancía ha sido entregada y también como guía para confeccionar la factura.

2. **Indique la opción correcta. Con respecto a las copias del albarán, normalmente se procede de la siguiente forma.**

   a. El original y la primera copia se remite al cliente, y una vez verificada la mercancía, se devuelve firmada la copia. La copia del albarán firmada por el cliente se remite al departamento de contabilidad, para confeccionar la factura.
   b. La segunda copia se queda en el almacén como justificante de la salida de mercancía.
   c. La tercera copia se remite al departamento de ventas.
   d. **Todas las opciones son correctas.**

3. **Indique si las siguientes afirmaciones son verdaderas o falsas.**

   a. Cuando el comprador es un consumidor, que no es comerciante ni empresario, lo normal y habitual es que el vendedor entregue la factura simplificada.

      ☑ **Verdadero**
      ☐ Falso

   b. La emisión de facturas es lo más habitual en ventas o servicios dirigidos al consumidor, por ejemplo, en la compra de supermercado, servicios de taxi, restaurante, etc.

      ☐ Verdadero
      ☑ **Falso**

c. La factura simplificada debe contener la expresión IVA incluido.

☑ **Verdadero**
☐ Falso

d. Las facturas se pueden emitir en el momento de la operación, si el destinatario es un consumidor final. Si el destinatario es un empresario o profesional, el plazo máximo de emisión es de 30 días naturales, a partir del momento en que se realiza la operación o el último día del mes, cuando se facture por meses.

☐ Verdadero
☑ **Falso**

4. Señale la opción correcta respecto a las facturas.

a. **Una vez entregada la mercancía, tanto el vendedor como el comprador necesitan que la operación quede reflejada en una factura o documento que acredite legalmente la compraventa o los servicios prestados.**

b. La factura es el documento que no acredita que la operación de compraventa o prestación de servicio se ha realizado y se confecciona partiendo de los datos del pedido y de la copia del albarán que acepta el comprador.

c. La entrega del documento puede ser: en el momento de la emisión, si el destinatario es un consumidor final, o dentro de 900 días hábiles siguientes a su emisión, cuando el destinatario sea empresario o profesional.

d. El vendedor debe conservar copia de cada factura emitida, tique o vale, durante un año a partir de la expiración de la operación reflejada en ella.

5. Según la Ley Cambiaria y del Cheque, ¿qué formalidades ha de reunir la letra de cambio?

La letra de cambio, al estar regulada por ley, debe cumplir una serie de formalidades:

❚ Denominación de letra de cambio inserta en el texto del título y en el mismo idioma que se utiliza para su redacción.
❚ Mandato incondicional de pagar una determinada cantidad de dinero.
❚ Nombre del librado, ya sea persona física o jurídica.
❚ Lugar de libramiento.
❚ Fecha de libramiento.

▌ Vencimiento, si no se indica la fecha de pago se considera a la vista.

▌ Lugar del pago, si no se indica se considera el domicilio del librado.

▌ Nombre del tomador, ya sea persona física o jurídica a cuya orden se ha de efectuar el pago.

▌ Firma del librador.

6. Señale la opción correcta:

    a. **El cheque es un documento por medio del cual el librador (quien lo expide) ordena al librado (entidad bancaria) que pague al tomador (persona que figura en el cheque o el portador del mismo) la cantidad de dinero que figura en el título.**

    b. El cheque no está regulado por ley.

    c. El cheque nominativo lo puede cobrar cualquier persona.

    d. El cheque al portador es igual que un cheque nominativo.

7. Defina lo que es un cheque conformado y un cheque cruzado.

    ▌ Cheque conformado. Es aquel en el que el librado, mediante la mención "conforme" o equivalente, garantiza la existencia de fondos en la cuenta del librador para hacerlo efectivo, reteniendo la cantidad necesaria para el pago del cheque cuando se presente al cobro. Si no se especifica hasta cuando se garantiza esa cantidad, los bancos consideran que, pasados 15 días desde la emisión, esa garantía expira.

    ▌ Cheque cruzado. Si el librador o el tenedor cruzan el cheque con dos barras paralelas diagonales en el anverso, entonces el librado solo lo podrá pagar a determinadas personas.

8. Señale la opción incorrecta respecto a los pagarés:

    a. **El firmante es la persona que emite el documento y es la que recibe el dinero.**

    b. El beneficiario o tenedor es la persona que recibe el importe del pagaré.

    c. El endosante es la persona, distinta del firmante, que hace circular el pagaré mediante endoso.

    d. Todas las opciones son incorrectas.

9. ¿Qué requisitos ha de reunir el pagaré?

- Denominación de pagaré inserta en el documento y expresada en el idioma empleado para su redacción.
- Promesa de pagar una cantidad de dinero en moneda nacional o extranjera convertible.
- Vencimiento.
- Entidad bancaria y número de cuenta por la que se realizará el pago.
- Nombre de la persona que recibirá el importe o a cuya orden se realizará el pago.
- Cantidad que se pagará.
- Lugar y fecha que se emite el pagaré.
- Firma de la persona que emite el pagaré.

10. Señale la opción correcta con respecto al recibo:

a. El recibo no es un medio de pago, ya que no es convertible en dinero. Es un justificante de pago.

b. Se utilizan dos modelos de documentos: el recibo tradicional y el normalizado.

c. Los recibos tradicionales están unidos formando un talonario y cada hoja consta de dos partes: recibo y matriz.

d. Todas las opciones son correctas.

11. Defina el recibo bancario.

Es el llamado recibo normalizado, se utiliza para los pagos que se domicilian en una entidad bancaria. Para la domiciliación es necesaria la autorización escrita del titular de la cuenta por la que, a partir de ese momento, se efectuará el pago.

La forma de proceder es la siguiente: la empresa que desea realizar el cobro emite el documento y es cedido a una entidad financiera para que, a través del Sistema de Compensación Electrónica, lo haga llegar al deudor de tal modo que su importe se adeude en la cuenta del cliente.

12. Relacione los datos que deben figurar obligatoriamente en un mandato SEPA (recibo bancario de adeudo).

- Datos del acreedor: nombre, dirección y núm. de identificación proporcionado por la entidad bancaria (BIC).
- Datos del deudor: nombre y dirección.
- IBAN de la cuenta del deudor.
- Código de la entidad.
- Tipo de pago: único o recurrente (mensual, trimestral, etc.).
- Lugar, fecha y firma.

13. Defina transferencia y personas que intervienen.

La transferencia bancaria es el traspaso de fondos de una cuenta bancaria a otra. En ella intervienen:

- El ordenante, persona que ordena que se ejecute el traspaso titular de la cuenta que recibe el cargo.
- El beneficiario, persona física o jurídica que recibe la cantidad transferida, y las entidades financieras de las respectivas partes.

14. ¿Qué es una tarjeta de débito?

Las tarjetas de débito son las más extendidas y son un medio de pago vinculado a una cuenta corriente. Cuando un cliente de un comercio realiza un pago mediante la tarjeta de débito, el pago se carga inmediatamente a la cuenta bancaria, situación que no se da en las tarjetas de crédito. Si la cuenta del cliente no tiene saldo, la operación es rechazada de inmediato, pero actualmente muchas tarjetas permiten ciertos descubiertos cuyos importes van en función de las características del cliente. Los descubiertos generan unos costes financieros generalmente altos.

15. Defina la letra de cambio y los elementos personales que intervienen.

La letra de cambio es un medio de pago utilizado en las operaciones de compraventa a crédito.

En la letra de cambio intervienen varias personas:

- Librador. Es la persona que emite la letra, es el vendedor que desea dejar constancia en un documento del crédito que se ha concedido al cliente.
- Librado. Es la persona obligada a pagar la letra a su vencimiento, es el comprador. El librado solo está obligado a pagar la letra si la ha aceptado previamente, ya que en caso contrario carece de valor.
- El hecho de que se acepte o no la letra dependerá de la confianza que exista entre el comprador y el vendedor, de forma que, si hay confianza, el librador no se la presentará al librado para su firma, ya que esperará a que, cuando llegue el vencimiento, se pague.
- Tomador. Es la persona designada en la letra de cambio para cobrar su importe. Puede ser el librador (letra a la propia orden) o una persona con la que se tenga una deuda (acreedor del librador). El tomador se convierte en el primer tenedor de la letra, que la podrá transmitir por endoso a otras personas. Es frecuente que como tomador figure la entidad financiera donde el librador llevará la letra para gestionar el cobro o para descontar, de forma que el banco estará autorizado para cobrar la letra. entregando el dinero en ese momento o incluso antes del vencimiento (si se descontó).
- Tenedor. Es el poseedor de la letra de cambio. Pueden haber sido varios antes del vencimiento de la misma. El último tenedor es el que está legitimado para su cobro.
- Endosante. Es la persona que, siendo poseedora de la letra, la transmite a otra por medio del endoso para saldar una deuda, legitimando al nuevo tenedor como cobrador de la misma.
- Endosatario. Es la persona a quien se le endosa la letra.
- Avalista. Persona que avala total o parcialmente el pago de la letra. Deberá indicarse a quién se avala, pero a falta de esa indicación, se entenderá avalado el librado aceptante y, si no estuviese aceptada la letra, el librador.
- Avalado. Persona obligada al pago de la letra, y al que el avalista garantiza el pago de la misma en caso de no hacerlo al vencimiento. Deberá indicarse a quién se avala pero, si no se indica nada, se entenderá que se avala al aceptante, y en defecto de este, al librador.

Solucionario 3
Calidad y servicios de proximidad en el pequeño comercio

Solucionario Capítulo 1

1. **Señale si las siguientes afirmaciones son verdaderas o falsas.**

   a. La legislación vigente y posteriormente modificada sobre horarios comerciales de atención al público es la Ley 1/2004, de 21 de diciembre, de Horarios Comerciales.

      ☑ **Verdadero**
      ☐ Falso

   b. El número máximo de domingos y festivos que pueden permanecer abiertos los comercios según la Ley 1/2004, de 21 de diciembre, es de 10.

      ☐ Verdadero
      ☑ **Falso**

   c. Las comunidades autónomas son las que tienen la última palabra en materia de regulación horaria de los comercios pertenecientes a su ámbito geográfico.

      ☐ Verdadero
      ☑ **Falso**

2. **¿Cuál es el límite para el pago en efectivo? ¿Qué normativa lo regula?**

   El límite es 1.000 euros y viene regulado en la Ley 11/2021, de 9 de julio.

3. **¿Qué se conoce por tienda de conveniencia?**

   Es aquella tienda cuya superficie útil dedicada a la exposición y venta al público no es superior a 500 metros cuadrados, va a permanecer abierta al menos durante 18 horas al día y su oferta se basa en libros, periódicos y revistas, artículos de alimentación, regalos, discos y videos, así como artículos varios.

4. **Indique cuál de los siguientes requisitos no es uno de los necesarios para el establecimiento de una zona de gran afluencia turística.**

    a. Municipios próximos a zonas portuarias de cruceros.

    b. **Municipios no limítrofes o que sean áreas de influencia de zonas fronterizas.**

    c. Áreas cuyo principal atractivo sea el turismo de compras.

5. **Indique si es verdadera o falsa la siguiente afirmación. "Para que la conciliación familiar, laboral y personal en el pequeño comercio pueda ser una realidad en un futuro, es indispensable un cambio de mentalidad y de concienciación en la sociedad ante los nuevos modelos de organización e igualdad entre hombres y mujeres".**

    ☑ **Verdadero**
    ☐ Falso

6. **Complete el siguiente texto.**

Uno de los **beneficios** que ofrece la conciliación de la vida laboral y familiar en los centros de trabajo es la **calidad** en la gestión de los recursos humanos, mejorando el **clima laboral**, la gestión y planificación del **tiempo**, disminuyendo el estrés y los conflictos laborales y aumentando la **satisfacción** del personal.

7. **Indique cuáles son las principales cuestiones a tener en cuenta a la hora de implantar un plan de conciliación en el pequeño comercio.**

    ▎ Protección especial del embarazo y la maternidad. El empresario, en función de sus posibilidades, deberá de incluir medidas conducentes a otorgar permisos retribuidos para el cuidado de hijos recién nacidos, excedencias para adopción, matrimonio, fallecimiento, etc. tal y como establece la legislación vigente.

    ▎ Flexibilidad horaria.

    ▎ Teletrabajo y aportación tecnológica.

    ▎ Jornada a tiempo parcial y jornada reducida.

    ▎ Ayuda a la familia del empleado.

    ▎ Igualdad de oportunidades.

    ▎ Procedimientos para la prevención y tratamiento del acoso laboral y violencia de género.

❚ Impartición o asistencia de los trabajadores a formación para la cultura de la conciliación e igualdad.

❚ Políticas de comunicación en materia de igualdad y conciliación.

❚ Desarrollo profesional de la mujer.

❚ Ejemplo por parte de los gerentes de la adopción a título personal de medidas de conciliación para la concienciación de sus trabajadores.

❚ Trabajos por objetivos, siendo necesario no valorar la cultura de la presencia en el trabajo.

❚ Retribución flexible y personalizada.

❚ Establecimiento de una canal anónimo de denuncias para los empleados de la empresa por conductas de acoso laboral, violencia de género o contrarias a la igualdad de oportunidades, etc.

8. **Indique cuál de los siguientes artículos y apartados del Estatuto de los Trabajadores ha sido modificado por el Real Decreto-ley 5/2003, de 28 de junio.**

    a. Apartado 1, artículo 4.
    b. **Apartado 8, artículo 34.**
    c. Todas las opciones son incorrectas.

9. **Explique brevemente cuál es el principal objetivo que persigue la asistencia posventa.**

El principal objetivo que persigue la asistencia posventa es el de satisfacer al cliente y asegurarse una compra regular o repetida una vez se ha realizado la venta.

10. **Según la Norma UNE 175.001-1, ¿cuál de las siguientes afirmaciones es una ventaja para el pequeño comercio?**

    a. Mejora la calidad del servicio que se presta a los clientes.
    b. **Mejora el acceso a nuevos proveedores, ya que les garantiza que el servicio prestado en el establecimiento aporta un valor añadido a la imagen del producto y/o servicio.**
    c. Mejora la gestión del establecimiento comercial mediante la potenciación de sus recursos.

11. **Relacione el tipo de comunicación con los aspectos más relevantes a tener en cuenta en el proceso de atención al cliente.**

  a. Comunicación verbal
  b. Comunicación no verbal

  b. Manos abiertas en actitud relajada
  b. Una postura corporal erguida
  a. Velocidad y ritmo del habla adecuados
  b. Expresión facial sonriente
  a. Evitar las interferencias o ruidos
  a. Evitar los tics y vocalizar correctamente
  b. Contacto ocular con el cliente
  a. Saber escuchar

12. **Señale si las siguientes afirmaciones son verdaderas o falsas.**

  a. En la escucha activa se deberá favorecer el ofrecimiento de la ayuda o soluciones prematuras.

    ☐ Verdadero
    ☑ **Falso**

  b. El síndrome del experto es el que se caracteriza porque el comercial tiene la respuesta al problema planteado por el cliente, antes incluso de que este acabe de explicar sus necesidades.

    ☑ **Verdadero**
    ☐ Falso

  c. La empatía consiste en escuchar de forma activa al cliente sin tener en cuenta sus sentimientos o emociones evitando "meterse en su pellejo".

    ☐ Verdadero
    ☑ **Falso**

13. **Enumere las diferencias existentes entre una tarjeta de crédito y una tarjeta de débito.**

La tarjeta de débito tiene como límite de compra el saldo disponible de la cuenta corriente del cliente. La tarjeta de crédito tiene como límite el crédito dado por la entidad financiera al cliente independientemente del saldo de su cuenta corriente.

La tarjeta de crédito posee un coste de mantenimiento y un tipo de interés cargado en la cuenta del cliente en caso de pago fraccionado. La tarjeta de débito puede o no tener un coste de mantenimiento y no tiene intereses que se cargan en la cuenta del cliente.

14. **En el pago aplazado de la compra, ¿cuántas personas intervienen en dicho proceso?**

    a. Dos, el vendedor y el cliente.
    b. Tres, el vendedor, el comercial y el cliente.
    c. Tres, el vendedor o comercial, el cliente y el Establecimiento Financiero de Crédito. (EFC).

15. **Enumere las distintas consideraciones a tener en cuenta por el comerciante en relación al empaquetado.**

- Conocer las leyes, normativas y regulaciones vigentes para los empaquetados impuestas por los organismos gubernamentales, así como la industria o sector al que pertenece.
- Identificar los gustos, necesidades y preferencias de sus clientes acerca de cómo les gustaría que el producto les llegue, cómo les gustaría conservarlo o la función que desean que cumpla el empaquetado.
- A través del empaquetado, el comerciante ha de encontrar la manera de diferenciarse de su competencia, sobre todo en aquellos productos de igual o similares características de calidad.
- Nunca se deben olvidar las necesidades del canal de distribución de los productos, por lo que será necesario conocer las opiniones de aquellos que distribuyen los productos, así como las posibles sugerencias que puedan realizar para una mejor manipulación, almacenamiento y transporte de los mismos.
- El comerciante deberá realizar los cálculos necesarios para que los empaquetados no supongan un coste excesivo, evitando de esa forma que los márgenes de beneficios obtenidos por la venta del producto sean absorbidos por coste del empaquetado.

▌ Considerar la opción de la formación de los empleados en las diversas técnicas de empaquetado. Ello conlleva una mayor profesionalidad y dará una imagen de calidad al comercio.

▌ Procurar que el empaquetado sea respetuoso con el medioambiente, fácil de reciclar y provocar el menor daño posible, cumpliendo de esa forma con la legislación medioambiental vigente.

Solucionario Capítulo 2

1. **¿Cuáles son las dos normas básicas por las que se va a regir la calidad de los productos y/o servicios en el pequeño comercio?**

   La Norma UNE-EN ISO 9001:2008 "Sistemas de Gestión de Calidad".

   La Norma UNE-175001-1:2004 "Calidad de Servicios para el Pequeño Comercio".

2. **Responda brevemente cuál es la relación existente entre la satisfacción del cliente y la calidad de los productos y/o servicios.**

   La satisfacción del cliente va a depender de las percepciones de los clientes y de sus expectativas en relación al producto y/o servicio. El grado en que dichas percepciones y expectativas se vean cumplidas o no, determinará la calidad del producto o servicio percibida por el cliente.

3. **De las siguientes definiciones de calidad, indique cuál es la más adecuada para el pequeño comercio.**

   a. Grado con el que el conjunto de características inherentes (del producto o servicio) cumple con los requisitos.
   b. Pérdida que el uso de un producto o servicio causa a la sociedad.
   c. **La medida en que un cliente percibe que un producto y/o servicio cumple o satisface con sus expectativas.**

4. **Enumere las distintas características que hacen que un producto y/o servicio sea considerado como de calidad.**

   Características técnicas, de oportunidad, de servicio asociado, legales, de seguridad y otras relacionadas con las expectativas razonables del cliente.

5. Complete el siguiente texto.

La **ventaja** de utilizar como instrumento de medición las **encuestas** de satisfacción de clientes, es que los datos obtenidos pueden llegar a ser más **representativos** del total de **población,** siendo su principal desventaja, el tiempo necesario para el **tratamiento** y **evaluación** de los datos obtenidos.

6. Señale si las siguientes afirmaciones son verdaderas o falsas.

a. Una de las ventajas del empleo del buzón de sugerencias es su alta tasa de utilización entre los clientes.

☐ Verdadero
☑ **Falso**

b. El panel de sugerencias es un instrumento de medición de la satisfacción del cliente que consiste en la realización de manera esporádica de una serie de preguntas a un grupo de clientes elegidos de manera aleatoria.

☐ Verdadero
☑ **Falso**

c. La gran desventaja de utilizar como instrumento de medición de la satisfacción del cliente al comprador espía, es la posible valoración subjetiva que pueda realizar, dando lugar a la emisión de juicios más o menos exigentes de lo que pudiera llegar a realizar un cliente normal.

☑ **Verdadero**
☐ Falso

7. Indique cuál de los siguientes objetivos NO forma parte del fin primordial de la implantación de la Norma UNE 175001 en el pequeño comercio.

a. Mejorar la imagen de los establecimientos comerciales ante sus clientes.
b. **Incrementar los beneficios netos del establecimiento a costa de una disminución de las competencias profesionales.**
c. Diferenciar los establecimientos comerciales que adopten esta norma por el medio de la calidad del servicio

8. **Complete el siguiente texto.**

La Norma UNE **175001-1:2004** establece cuáles son los **requisitos** de calidad para la actividad de venta y **servicios** adicionales en aquellos establecimientos comerciales que posean **menos** de 20 trabajadores.

9. **Relacione los distintos puntos que conforman los requisitos necesarios para la consecución de los objetivos que la Norma UNE 175001-1:2013 establece.**

   a. Requisitos del servicio
   b. Requisitos de elementos tangibles
   c. Requisitos del personal
   d. Requisitos para la mejora continua

   b. Envases y embalajes
   c. Competencia profesional
   d. Consulta periódica de los clientes
   a. Cortesía
   c. Imagen
   a. Seguridad
   d. Sistemas para recabar información
   b. Documentos de compra

10. **Identifique cuál no es uno de los requisitos de los elementos tangibles para pescaderías según establece la Norma UNE 175001-2.**

    a. Sistemas de desagüe en la sala de ventas.
    b. Aseos y vestuarios.
    c. Cámaras de conservación, congelación o arcones.
    d. **Armarios/almacenes para los productos de limpieza y para los envases y embalajes.**

11. **Explique brevemente cuál es la potestad pública conferida por el Estado español al organismo ENAC (Entidad Nacional de Acreditación).**

    La de ser el único organismo autorizado públicamente para acreditar la competencia técnica necesaria de las empresas de certificación a la hora de evaluar estas el cumplimiento de los requisitos de las normas por parte de una tercera empresa.

12. **Señale si las siguientes afirmaciones en relación al código de buenas prácticas comerciales son verdaderas o falsas.**

    a. El personal del establecimiento deberá procurar un ambiente de confianza desmesurada para que el cliente se sienta confortable durante el proceso de compra-venta.

    ☐ Verdadero
    ☑ **Falso**

    b. Ante posibles quejas, reclamaciones o devoluciones, el personal del establecimiento mostrará en todo momento respeto excepto cuando este no sea correspondido por el cliente.

    ☐ Verdadero
    ☑ **Falso**

    c. Se definen por parte de la dirección unas pautas de comportamiento para dirigirse al cliente a su llegada, confirmar su compra y su despedida.

    ☑ **Verdadero**
    ☐ Falso

13. **Explique brevemente a qué se refiere la Norma UNE 175001 cuando habla de comprensión al cliente como requisito del servicio en el código de buenas prácticas comerciales.**

    La capacidad de comerciantes de identificar las necesidades, características y expectativas del cliente para de ese modo personalizar el proceso de venta.

14. **Señale la respuesta incorrecta. En relación al requisito de comunicación del código de buenas prácticas, la dirección del establecimiento comercial anunciará de forma visible...**

    a. ... las distintas formas de pago y sus respectivas condiciones.
    b. **... la normativa en prevención de riesgos laborales que afecta al establecimiento.**
    c. ... los compromisos generales que el establecimiento adquiere con sus clientes.

15. ¿Es la accesibilidad un requisito recogido en la Norma?

No, la accesibilidad no es un requisito que recoja la norma de forma individual, pero se hace referencia a la misma dentro del requisito de seguridad.

Solucionario Capítulo 3

1. **En relación a las devoluciones de productos y/o servicios, y más concretamente a la política de devoluciones que establezca el pequeño comercio, ¿cuál es la legislación vigente que regula dicha política?**

   ▌ El Real Decreto 1/2007, de 16 de noviembre, por el que se aprueba el texto refundido de la Ley General para la Defensa de los Consumidores y Usuarios y otras Leyes Complementarias.
   ▌ La Ley 7/1996, de 15 de enero, de Ordenación del Comercio Minorista.
   ▌ La Norma UNE-175001-1:2013 "Calidad de Servicios para el Pequeño Comercio".

2. **¿En qué casos el cliente puede ejercitar el derecho de desistimiento? ¿Qué plazo temporal tiene el cliente para ejercitar el derecho de desistimiento? ¿Qué plazo tiene el vendedor para devolver el dinero cuando el cliente ha ejercitado el derecho de desistimiento?**

   En los casos de venta a distancia, el cliente tiene un plazo de 14 días para ejercitar el derecho de desestimiento. El vendedor tiene un plazo de 14 días para devolver el dinero cuando el cliente ejercite el derecho de desistimiento.

3. **De las siguientes afirmaciones, indique cuál es un inconveniente de la utilización de la web para el pequeño comercio.**

   a. Menor tiempo en los pedidos y en las entregas.
   b. **Necesidad de formación adecuada sobre conocimientos informáticos.**
   c. Eliminación de los intermediarios.

4. **Señale si las siguientes afirmaciones son verdaderas o falsas.**

   a. El diseño del blog no posee una importancia relevante a diferencia de la web del comercio que representa la imagen corporativa.

   ☐ Verdadero
   ☑ **Falso**

b. Tanto el blog como la web del comercio se estructuran mediante áreas visuales y temáticas.

☐ Verdadero
☑ **Falso**

c. La web corporativa y el blog del comercio deben ser elaborados por un desarrollador web debido a los elevados conocimientos en informática necesarios para ello.

☐ Verdadero
☑ **Falso**

5. Complete el siguiente texto.

Todo blog independientemente de su temática posee los siguientes elementos: **cabecera,** en la que podrá existir o no una **barra de navegación** estilo menú, un **pie de página,** donde suele aparecer el contacto, información del establecimiento, etc. y una parte central donde se encuentran los *post* o artículos, el llamado *blogroll* o enlaces a blogs favoritos, la suscripción **RRS** y los famosos *gadgets* o *widgets.*

6. Enumere las distintas razones por las que un pequeño comercio debe crear un blog.

Servir como herramienta de comunicación con sus clientes, mejorar la imagen del comercio en áreas como lo social, medioambiental, etc., como medio de respuesta a los clientes y de promoción de los nuevos productos y/o servicios, o descripción de sus cualidades.

7. Relacione las siguientes redes sociales con el grupo de red al que pertenecen.

a. Redes sociales generalistas.
b. Redes sociales multimedia.
c. Redes sociales profesionales.

b. Youtube
a. Facebook
a. Hi5
c. LinkedIn
a. Google +

c. Viadeo

b. Scribd

8. **Señale si las siguientes afirmaciones son verdaderas o falsas.**

    a. Los denominados *blog search services* son motores de búsqueda de webs, blogs, imágenes, videos, etc.

        ☐ Verdadero

        ☑ **Falso**

    b. Los meta tags son las etiquetas que van a marcar los documentos de los blogs que sirven para que estos sean encontrados por los buscadores.

        ☑ **Verdadero**

        ☐ Falso

    c. La política de privacidad en las redes sociales es un aspecto importante a tener en cuenta por el comerciante, ya que puede darse el caso de que determinadas redes sociales utilicen la información, fotos y archivos del usuario sin su consentimiento expreso.

        ☑ **Verdadero**

        ☐ Falso

9. **Explique brevemente cuál es el beneficio de la telefonía móvil para el pequeño comercio.**

Mediante el uso de los llamados teléfonos inteligentes y *tablets,* el pequeño comercio se puede beneficiar de promocionar su establecimiento y sus productos y/o servicios, mantener una información bidireccional cliente-vendedor mediante los perfiles de usuario y por último, la creación de plataformas locales o de organizaciones comerciales, así como aplicaciones para móviles donde poder obtener información de los comercios existentes en una determinada zona geográfica, comentarios y opiniones de sus clientes, promociones, compra de productos y/o servicios, etc.

10. Complete el siguiente texto.

La energía por biolíquidos es la obtenida por los **combustibles** líquidos derivados de la **biomasa,** la energía geotérmica es la que utiliza el **calor** procedente del interior de la **tierra** para generar electricidad y la energía solar **térmica** es la energía **calorífica** del sol recogida en grandes **colectores solares** para transformarla en energía **térmica** para obtener **electricidad.**

11. Señale si las siguientes afirmaciones son verdaderas o falsas.

a. La lámpara fluorescente tiene un consumo medio de energía y una larga vida útil, entre 10.000 y 12.000 horas.

☐ Verdadero
☑ **Falso**

b. La lámpara de incandescencia posee una baja emisión de calor, un coste de adquisición bajo y un consumo energético alto.

☐ Verdadero
☑ **Falso**

c. La lámpara con diodo emisor de luz (LED) posee un coste de adquisición elevado, una emisión de calor bajo y una muy larga vida útil, entre 50.000 y 100.000 horas.

☑ **Verdadero**
☐ Falso

12. Explique brevemente en qué consiste el *free cooling* y el enfriamiento evaporativo.

El *free cooling* o aprovechamiento del aire exterior renueva el aire de forma automática cuando las condiciones del aire exterior son más idóneas que la del interior.

El enfriamiento evaporativo está basado en el fenómeno natural de la evaporación que enfría sensiblemente el aire.

13. **En relación a la zonificación del establecimiento, ¿cuáles son los aspectos que el comerciante debe tener en cuenta en la zona interior y decoración del pequeño comercio?**

   ▎ La visibilidad, intentando que el cliente al entrar tenga la sensación o percepción real de que desde su posición inicial ve todos y cada uno de los espacios del establecimiento.

   ▎ La amplitud, disponiendo los elementos de tal forma que de la sensación máxima de amplitud.

   ▎ La luz, que deberá de cumplir los objetivos de iluminar, decorar y vender.

   ▎ El color, mediante la elección de colores suaves para no provocar sensaciones incómodas.

   ▎ La decoración, que ha de ser acorde con el estilo y los productos que se comercializan en el establecimiento.

14. **Indique cuáles son las ventajas e inconvenientes de la disposición en espiga del mobiliario del pequeño comercio.**

   Inconveniente: impone una forma determinada de circular al cliente por el establecimiento. Ventaja: favorece la presentación de determinados artículos que son comprados la mayoría de las veces por impulso.

15. **Complete el siguiente texto.**

   Todas las personas al entrar en un establecimiento tienden de forma **natural** a dirigirse hacia la **derecha**. Normalmente, el movimiento que realizan es en **sentido contrario** a las agujas del reloj. A medida que se avanza en **profundidad** por el establecimiento comercial el **porcentaje** de personas que accede a estas zonas es cada vez **menor.**

Solucionario 4

Dinamización del punto de venta del pequeño comercio

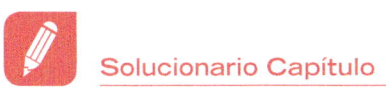

Solucionario Capítulo 1

1. **Cuando el consumidor tiene una necesidad insatisfecha pero no puede satisfacerla por algún motivo, se produce...**

   a. ... una motivación de compra.
   b. ... un freno de compra.
   c. ... una duda sobre la compra.
   d. Todas las opciones son incorrectas.

2. **Aquella disposición del mobiliario en la que se crean espacios con ambientes independientes a través de estanterías o muros, se denomina...**

   a. ... disposición cerrada.
   b. ... disposición libre.
   c. ... disposición en espiga.
   d. Todas las opciones son incorrectas.

3. **Si en el establecimiento entra un cliente impaciente, se debe...**

   a. ... atenderlo antes que a todos los demás porque si no se irá de la tienda.
   b. ... dejarlo para el último por castigo.
   c. ... darle muestras de que se sabe que tiene prisa y mostrarle algún producto mientras llega su turno.
   d. Todas las opciones son correctas.

4. **De los siguientes enunciados, diga si son verdaderos o falsos.**

   a. En las tiendas de las gasolineras suelen utilizarse la disposición en espiga.

   ☐ Verdadero
   ☑ **Falso**

   b. La iluminación indirecta provoca sombras muy duras y puede llegar a deslumbrar al cliente.

   ☐ Verdadero
   ☑ **Falso**

c. Para resaltar las propiedades de un artículo se utilizará luz de acento.

☑ **Verdadero**
☐ Falso

5. **La zona del establecimiento con más flujo de clientes es:**

a. La zona fría.
b. **La zona caliente.**
c. La zona templada.
d. Todas las opciones son incorrectas.

6. **Relacione las siguientes afirmaciones con el tipo de establecimiento al que pertenecen, utilizando T para comercio tradicional o L para comercio de libre servicio.**

a. La entrada se encuentra en el centro de la fachada. **T**
b. Existe un pasillo principal. **L**
c. El almacén ocupa el 50 % del espacio. **T**

7. **En relación al mobiliario, ¿qué características presenta un establecimiento de disposición abierta?**

Un establecimiento de disposición abierta se caracteriza por tener un mobiliario de baja altura (inferior a 1,5 metros), con lo que permite al cliente ver todo el establecimiento desde cualquier zona.

8. **Complete la siguiente frase:**

Se denominan **zonas frías** a aquellas por las que los clientes no circulan de forma **natural** y que, por lo tanto, hay que **calentarlas** para que pasen.

9. **Ordene estos pasillos de más pequeño a más grande en cuanto a anchura.**

2. Pasillos principales.
3. Pasillos de aspiración.
1. Pasillos de accesos.

10. **Indique a qué tipo de luz se refieren estas afirmaciones: general (G), localizada (L), de ambiente (A), de acento (Ac):**

   a. Sirve para resaltar las cualidades de un producto. **Ac**
   b. Se coloca en los techos. **G**
   c. Crea ambientación agradable. **A**
   d. Destaca una zona del local. **L**

11. **Complete los siguientes enunciados:**

   a. El pasillo de **aspiración** normalmente no se da en los pequeños comercios porque necesita al menos 4,5 metros de anchura.
   b. La disposición **recta** es la que suelen utilizar los establecimientos de alimentación de libre servicio.
   c. La circulación natural de un cliente en un establecimiento de libre servicio es en dirección **contraria** a las agujas del reloj.
   d. En un establecimiento de libre servicio, lo recomendable es colocar la puerta de entrada a la **derecha** y la/s caja/s a la **izquierda**.
   e. Los **colores fríos** facilitan la relajación y por lo tanto las compras racionales.
   f. Reponer un producto actual, porque se haya agotado o porque se esté descontento con él, es un **móvil de compra**.

12. Encuentre en esta sopa de letras seis tipos de clientes.

R	R	T	P	B	Z	F	L	E	R
D	O	M	I	N	A	N	T	E	E
Ñ	D	I	H	Y	N	D	T	T	S
R	A	C	I	O	N	A	L	N	E
J	L	Ñ	N	U	X	T	U	E	R
R	B	L	D	F	E	B	V	I	V
H	A	R	E	I	U	P	D	C	A
R	H	P	C	I	B	Z	K	A	D
J	B	E	I	Ñ	D	A	P	P	O
T	O	S	S	C	E	D	N	M	P
K	R	E	O	Z	V	P	A	I	T

13. Ordene las siguientes necesidades de más básicas (1) hasta las más elevadas (5), según la pirámide de Maslow.

4. Estima
1. Fisiológicas
3. Sociales
5. Autorrealización
2. Seguridad

14. De las siguientes acciones indique cuáles pueden servir para motivar el paso de los clientes por zonas frías para convertirlas en calientes.

a. **Colocar acciones promocionales.**
b. Apagar la luz en esa zona.
c. **Colocar productos de primera necesidad.**
d. Iluminar la zona con una luz cálida.

15. **Respecto a las secciones, indique la/s afirmación/es correcta/s.**

    a. **Colocar frutería y pescadería cercanos porque son productos complementarios.**

    b. Colocar los productos de más peso al fondo del establecimiento para que el cliente no cargue con peso durante todo el recorrido.

    c. Los productos de mayor venta cercanos para que el cliente no tenga que moverse mucho.

Solucionario Capítulo 2

1. **De los siguientes enunciados, diga si son verdaderos o falsos.**

   a. Los extremos del lineal son considerados las peores zonas de venta.

   ☑ **Verdadero**
   ☐ Falso

   b. En el nivel de la cabeza suelen colocarse productos gancho.

   ☐ Verdadero
   ☑ **Falso**

   c. En el nivel de las manos suelen colocarse productos de compra impulsiva.

   ☐ Verdadero
   ☑ **Falso**

2. **Indique a qué tipo de expositor se refieren estas descripciones.**

   a. Tabla perforada con agujeros en los que se meten barras metálicas para exponer artículos. *Peg board*
   b. Suelen ser de cartón, de gran tamaño y se colocan en el suelo. *Floor stand*
   c. Se colocan en lugares estratégicos de la tienda para provocar la compra impulsiva. **Expositor impulsivo**
   d. Expositor giratorio apoyado en el suelo. **Expositor de pie**
   e. Se colocan sobre mostradores o zona de cajas. **Expositor de sobremesa**
   f. De dos caras y transportables. *Back to back*

3. **Indique si estos inconvenientes se refieren a la disposición horizontal o vertical.**

   a. Se necesita un espacio mayor. **Disposición vertical**
   b. El cliente debe recorrer varias veces el pasillo para ver todos los productos. **Disposición horizontal**
   c. El cliente ve durante menos tiempo el producto. **Disposición vertical**

4. De las siguientes afirmaciones, indique si se refieren a expositor, vitrinas o mostrador.

   a. Pueden frenar la compra. **Vitrina**
   b. Se colocan productos de compra impulsiva. **Mostrador**
   c. Ideal para productos en promoción y la publicidad asociada a ellos.
      Expositor

5. Indique cuáles de las siguientes características se refieren a las islas.

   a. **Dan idea de ganga por encontrarse una acumulación del mismo producto.**
   b. Se encuentran en la sección a la que pertenece el producto.
   c. Deben situarse en un lugar cercano a las zonas de cajas.
   d. **Modifican el recorrido de los clientes.**

6. Complete estas normas de higiene.

   a. Los productos como **pescados** y **congelados** deben mantener condiciones especiales de conservación.
   b. El personal que esté en contacto con productos de alimentación debe poseer **el certificado de manipulador de alimentos.**
   c. Colocar los productos sin envase lejos de la secciones de **droguería o limpieza.**

7. Las cabeceras de góndola son el lugar ideal para...

   a. ... colocar productos muy voluminosos.
   b. **... colocar promociones.**
   c. ... colocar artículos en islas.
   d. Todas las opciones son incorrectas.

8. **Calcule el lineal desarrollado.**

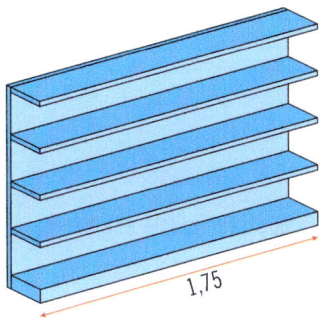

1,75 · 5 = 8,75 metros es el lineal desarrollado.

9. **Complete.**

La zona **central** del lineal es considerada de mayor venta, porque el cliente reduce en esta zona la **velocidad** de circulación y se **detiene** más tiempo en esta zona.

10. **Indique, de las características, cuáles se refieren a almacén ordenado y cuáles a caótico.**

   a. Se aprovecha más el espacio disponible. **Caótico**
   b. Existe un lugar para cada producto claramente identificado. **Ordenado**
   c. La búsqueda del producto es más difícil. **Caótico**
   d. Se aprovecha menos el espacio. **Ordenado**

11. **Indique las cinco zonas funcionales en las que se puede dividir el establecimiento.**

De venta, de exposición, de almacenamiento, de cajas y de circulación.

12. **Indique cuáles son sitios apropiados para colocar productos de compra impulsiva.**

    a. Nivel inferior del lineal.
    b. Zona de cajas.
    c. Cabecera de góndola.
    d. Mostradores.
    e. Nivel de los ojos del lineal.

13. **Nombre dos de las funciones que cumple el mostrador.**

    ❚ Sirve para dar imagen del comercio.
    ❚ Es lugar de información.
    ❚ Para colocar productos de venta por impulso.

14. **¿En qué nivel del lineal colocaría estos productos?**

    a. Producto voluminoso. **Nivel del suelo**
    b. Productos gancho. **Nivel del suelo**
    c. Producto de compra impulsiva. **Nivel de los ojos**
    d. Producto con más margen. **Nivel de las manos**

15. **Indique cómo es la velocidad de circulación en estas zonas (velocidad rápida o lenta).**

    a. Pasillos anchos. **Rápida**
    b. Cuellos de botella. **Lenta**
    c. Extremos de los lineales. **Rápida**
    d. Centro de los lineales. **Lenta**

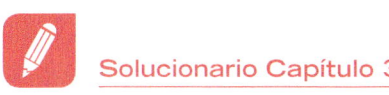

Solucionario Capítulo 3

1. **Indique a qué nivel del surtido pertenecen estos artículos.**

    a. Textil. **Sector**
    b. Gel de baño. **Familia**
    c. Desodortante Henia sin alcohol 50 ml. **Referencia**
    d. Carnicería. **Sección**

2. **De las siguientes cuestiones sobre el surtido, indique la opción correcta.**

    a. Un artículo es un producto concreto con su marca.

        ☐ Verdadero
        ☑ **Falso**

    b. La amplitud del surtido se refiere al número de líneas que existen en el establecimiento.

        ☑ **Verdadero**
        ☐ Falso

    c. Un surtido dinámico es lo contrario a un surtido fiel.

        ☑ **Verdadero**
        ☐ Falso

3. **Relacione cada tipo de surtido con el establecimiento correspondiente.**

    a. Ancho y profundo
    b. Ancho y poco profundo
    c. Estrecho y profundo
    d. Estrecho y poco profundo

    d. Puestos de venta ambulante
    c. Tienda especializada
    b. Autoservicio
    a. Supermercado

4. ¿Cómo tiene que ser un surtido para que sea coherente?

Armónico, fiel, dinámico y complementario.

5. Relacione estas descripciones con la etapa del ciclo de vida del producto al que corresponden.

    a. La marca está ya posicionada y los consumidores comienzan a fidelizarse al producto.
    b. En esta etapa pueden comenzar a aparecer competidores, con lo que es importante posicionarse.
    c. Las ventas son aún escasas, el producto todavía no es muy conocido.
    d. Las ventas caen, la publicidad ya es escasa.

    <u>c.</u> Introducción
    <u>b.</u> Crecimiento
    <u>a.</u> Madurez
    <u>d.</u> Declive

6. Ordene las siguientes partes que conforman el código de barras de izquierda a derecha:

    <u>4.</u> Dígito control
    <u>1.</u> Código país
    <u>3.</u> Código producto
    <u>2.</u> Código empresa

7. De los siguientes enunciados sobre los *facings*, diga si son verdaderos o falsos.

    a. El número mínimo de *facings* para que un producto sea percibido es 3 o 10 cm del lineal.

        ☐ Verdadero
        ☑ **Falso**

b. Un bote de lavavajillas Chana Ultra de 750 ml tiene 9 *facings;* si el lineal asignado es de 22 cm, pueden exponerse 3 *facings* del producto.

☑ **Verdadero**
☐ Falso

c. El lineal máximo indica el número de *facings* a partir del cual las ventas no aumentan.

☑ **Verdadero**
☐ Falso

8. **Diga a qué tipo de categorías se refieren estas descripciones: categoría cruzada de productos y categoría implantada de productos.**

a. Los productos se agrupan según la relación de sus componentes organo-lépticos. **Implantada**
b. Los productos se agrupan por la relación de uso o consumo. **Cruzada**

9. **Complete.**

La Ley de Pareto o regla **20/80** viene a decir que solo el **20 %** de productos produce el **80 %** de las ventas.

10. **Relacione cada una de las siguientes características de los productos con el tipo de característica a la que pertenece.**

a. Técnicas
b. Comerciales
c. Psicológicas

c. Posicionamiento
b. Garantía
a. Ingredientes

11. Complete.

Las marcas blancas de los supermercados son marcas **privadas** o de **distribuidor**. Todos los productos con marcas del **fabricante** poseen una marca única.

12. Los códigos de barra es un tipo de codificación...

    a. ... interna.
    b. ... externa.
    c. ... íntegra.
    d. Todas las opciones son incorrectas.

13. Nombre dos de las cualidades que debe reunir una marca.

    ▌ Que sea un nombre fácil de pronunciar.
    ▌ Que además se recuerde fácilmente.
    ▌ Que el nombre evoque al producto y además evoque ideas positivas del producto.

14. Indique cuál de los siguientes aspectos influyen en la determinación del lineal mínimo para una referencia:

    a. La capacidad del mueble.
    b. El tamaño del envase.
    c. El tipo de cliente.
    d. Las ventas.

15. ¿A qué tipo de características del surtido se refieren estas afirmaciones? Armónico, Fiel, Dinámico o Complementario.

    a. El surtido introduce nuevos productos. **Dinámico**
    b. El surtido mantiene los productos de siempre. **Fiel**
    c. Los artículos del surtido se complementan. **Complementario**
    d. Las líneas son parecidas en cuanto al número de referencias que poseen. **Armónico**

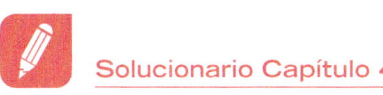

Solucionario Capítulo 4

1. **Diga si las siguientes afirmaciones son verdaderas o falsas.**

   a. Los contenedores desordenados dan a los clientes la percepción de precio reducido.

   ☑ **Verdadero**
   ☐ Falso

   b. Las pilas e islas consisten en apilar los productos en lugares estratégicos de la tienda.

   ☐ Verdadero
   ☑ **Falso**

   c. Las promociones basadas en precios reducidos son las que mayor impacto tienen en los clientes.

   ☑ **Verdadero**
   ☐ Falso

2. **Rellene los espacios.**

   a. En la evaluación de las acciones promocionales, pueden utilizarse tanto **variables cuantitativas** como variables **cualitativas.**
   b. En los **sorteos** es el azar el que decide quién es el ganador y se lleva el premio.

3. **Relacione cada enunciado con los siguientes tipos de promoción.**

   a. Producto adicional
   b. Vale descuento
   c. Muestras

   a. El producto viene con un 15 % más de cantidad.
   c. El cliente puede probar el producto.
   b. El cliente obtiene un 5 % de descuento en su próxima compra.

4. **Indique a qué fase de la campaña promocional pertenecen estas acciones.**

   a. Introducción
   b. Desarrollo
   c. Seguimiento y control

   a. Se establece el presupuesto de la acción promocional.
   c. Se realizan acciones correctoras.
   b. Puede producirse rotura de *stock*.

5. **Seleccione dos características referidas al tipo de venta especial: liquidación.**

   a. **Al anunciarlas debe aparecer el motivo por el que se producen.**
   b. Se hace con productos deteriorados.
   c. **La duración máxima es de un año.**
   d. Solo se pueden producir dos veces al año.

6. **Valore estos enunciados sobre la evaluación de las acciones promocionales como verdaderos o falsos.**

   a. La evaluación de una acción promocional se hará una vez finalice la acción.

      ☐ Verdadero
      ☑ **Falso**

   b. Las variables cualitativas miden aspectos como el valor de la marca.

      ☑ **Verdadero**
      ☐ Falso

   c. Para saber si se está vendiendo gran cantidad de productos en promoción se utilizan los escáneres de las cajas de salida.

      ☑ **Verdadero**
      ☐ Falso

7. **¿Qué índice de los siguientes se utiliza para evaluar en cada caso?: índice de intensidad promocional, índice de efectividad promocional e índice de eficacia con respecto a la categoría.**

 a. La relación entre la venta del producto en promoción con el aumento de ventas de la categoría. **Índice de eficacia con respecto a la categoría**
 b. La relación entre las ventas totales y las ventas promocionales. **Índice de intensidad promocional**
 c. La relación entre las ventas semanales en promoción y las ventas semanales sin promoción. **Índice de efectividad promocional**

8. **Complete los siguientes enunciados sobre aspectos de la normativa promocional.**

 a. Si la promoción no afecta a **más de la mitad** de los artículos del establecimiento, no se puede anunciar como medida general.
 b. Es considerada **engañosa** la publicidad basada en premios cuando el participante no recibe lo que se indica.

9. **Indique si estas formas de promociones son juegos, concursos o sorteos.**

 a. El ganador se decide con el número ganador de la ONCE. **Sorteo.**
 b. Los participantes no compiten entre sí. **Juego.**
 c. Para que sea llamativo el regalo debe ser importante. **Concurso.**

10. **Indique, de las siguientes acciones promocionales: tarjetas de fidelización, juegos, cupones descuento, muestras gratuitas, degustaciones (cada una de ellas puede utilizarse más de una vez), cuáles se pueden utilizar si se quiere para conseguir los objetivos marcados.**

 a. Que prueben el producto. **Muestras gratuitas / Degustaciones**
 b. Recoger datos de los clientes para enviarles publicidad. **Juegos / Cupones**
 c. Que el cliente compre habitualmente en el establecimiento, fidelizarlo. **Tarjetas de fidelización**

11. **De los siguientes ejemplos de promociones, diga si están basadas en el precio, en especie, o en premios.**

    a. Descuento del 5 % en el precio. **En precio.**

    b. 2×1 en gel de la marca Actibody. **En especie.**

    c. Rellene el cupón contestando a la pregunta y recibirá una camiseta. **En premios.**

12. **Rellene los espacios en relación a la duración de estas ventas especiales.**

    a. El período máximo de las liquidaciones es de **12** meses, no pudiéndose celebrar una nueva liquidación de artículos similares en el curso de los **3** años siguientes desde que finaliza la anterior.

    b. La duración del período de rebajas será decidida libremente por **el comerciante.**

13. **Relacione cada enunciado con el tipo de mobiliario utilizado en las promociones al que se refiere: cabecera de góndola, *stand* de degustaciones, contenedor desordenado.**

    a. Que prueben un nuevo batido. ***Stand* de degustaciones**

    b. Dar salida de al *stock* de calcetines. **Contendor desordenado**

    c. Hacer una promoción 2×1. **Cabecera de góndola**

14. **Indique dos motivos por los que pueden llevarse a cabo las liquidaciones.**

    a. Para regalar productos.

    b. **Por decisión judicial y administrativa.**

    c. **Por cambio de local o realización de obras.**

    d. Por vender productos defectuosos.

15. **Diga para qué sector suelen utilizarse más las promociones basadas en: muestras, demostraciones y degustaciones.**

    a. Productos alimenticios. **Degustaciones**
    b. Artículos de tecnología. **Demostraciones**
    c. Productos de belleza. **Muestras**

Solucionario Capítulo 5

1. **Relacione las siguientes características con el tipo de cartel al que se refiere.**

    a. Colgantes
    b. Mástiles
    c. Carteles de góndola

    b. Utilizan el suelo como base.
    a. Cuelgan del techo.
    c. Anuncian los productos o promoción en el lineal.

2. **Relacione los ejemplos de carteles con su colocación más adecuada.**

    a. Cartel que indica sección de charcutería
    b. Cartel de promoción 2×1 en góndola
    c. Cartel precio de un producto

    b. Nivel intermedio
    c. Nivel de producto
    a. Nivel del techo

3. **De las siguientes combinaciones de colores de texto y fondo, seleccione las que son correctas para que el texto se perciba correctamente:**

    COMPRA MÁS BARATO

    DESCUENTO DEL 5 %

4. **Complete.**

    a. La imagen corporativa de una empresa es la **imagen visual** y permite diferenciarse de la **competencia.**
    b. El mensaje publicitario puede apelar a la parte racional o a la **parte emocional.**

5. Los objetivos básicos de la publicidad son:

   a. Persuadir, motivar y recordar.
   b. Informar, comunicar y persuadir.
   c. **Informar, persuadir y recordar.**
   d. Todas las opciones son incorrectas.

6. Complete.

   a. Los objetivos de la publicidad deben ser realistas, concretos y **temporalizados.**
   b. El canal es el medio que se utiliza para transmitir el **mensaje.**
   c. En el proceso de creación de una marca o nombre, se debe pasar por las etapas: generación de nombres, decisión preliminar y **prueba de la marca.**

7. Indique cuáles de estas palabras son positivas o negativas para el cliente.

   a. Oferta. **Positiva.**
   b. Problema. **Negativa.**
   c. Oportunidad. **Positiva.**
   d. Calidad baja. **Negativa.**

8. ¿Qué tipo de alineación se debe evitar con textos muy largos?

   La alineación centrada.

9. Indique si las siguientes afirmaciones respecto al uso de líneas o figuras geométricas son verdaderas o falsas.

   a. Las líneas curvas transmiten quietud.

      ☐ Verdadero
      ☑ **Falso**

   b. Los rectángulos horizontales denotan equilibrio.

      ☑ **Verdadero**
      ☐ Falso

c. Las líneas diagonales sirven para dirigir la atención.

☑ **Verdadero**
☐ Falso

10. **De las siguientes palabras referidas a distintos conceptos, indique la que no debe estar en el listado.**

a. Alineación: izquierda, derecha, centrada, **diagonal**.
b. Carteles de precio: de urgencia, **de necesidad**, abaratador.
c. Publicidad exterior: anuncio en radio, **anuncio en folletos**, anuncio en TV.

11. **Los tres objetivos básicos de la papelería comercial son:**

a. Conseguir la compra de un producto.
b. **Plasmar la corporativa de la empresa.**
c. **Hacer llegar una información al cliente.**
d. Entregar un regalo al cliente.
e. **Transmitir la imagen de la empresa.**

12. **¿Cuál de las alineaciones estudiadas en el capítulo es la más natural, legible y recomendable para textos largos?**

La alineación izquierda.

13. **De este tipo de letra, escoja las que son más legibles.**

a. Mayúsculas / **minúsculas**.
b. Letras **san serif** / serif.

14. **Diga si las siguientes afirmaciones son verdaderas o falsas.**

a. Utilizar aplicaciones de autoedición requiere conocimientos avanzados por parte del usuario.

☐ Verdadero
☑ **Falso**

b. El principal inconveniente de los programas de autoedición es que son de pago.

☐ Verdadero
☑ **Falso**

c. El programa Adobe Photoshop se utiliza sobre todo para la edición de fotografías.

☑ **Verdadero**
☐ Falso

15. Según el soporte, ¿cómo pueden ser los carteles?

▌ Colgantes: los que cuelgan del techo, son los de mayor visibilidad.
▌ Mástiles: utilizan el suelo como base. Para que sean visualizados desde cualquier zona, se recomienda que suban por encima del lineal.
▌ De góndola: utilizan el lineal como soporte ya que anuncian los productos y/o promoción que se encuentra en él. Cuando anuncian el precio, reciben el nombre de *rack* de precios.

Solucionario 5

Escaparatismo en el pequeño comercio

Solucionario Capítulo 1

1. ¿Qué se entiende por escaparatismo?

   a. Presentación visual
   b. Arte comercial
   c. Comunicación visual
   d. Todas las opciones son correctas.

2. **Complete.**

   El principal objetivo del escaparate es aumentar las **ventas** del negocio, pero tiene otros secundarios:

   a. Aumentar la **fidelidad** del cliente.
   b. Hacer frente a la **competencia.**
   c. Aumentar las relaciones con los **proveedores.**

3. ¿Existe alguna normativa que regule la actividad comercial?

   a. No, la actividad comercial no tiene ninguna regulación.
   b. Si, existen leyes, reales decretos y normas que regulan la actividad comercial.
   c. Existen reglas pero no son importantes.
   d. Todas las opciones son incorrectas.

4. ¿Qué especificaciones comunes existen en cuanto a normativa en escaparatismo?

   a. Ninguna, cada comunidad autónoma regula sus normas.
   b. Respeto del estilo del escaparate y edificio e identificación de precios.
   c. Indicación del precio en rebajas.
   d. Las opciones b y c son correctas.

5. Los escaparates frontales o de fachada están:

    a. Orientados hacia el almacén.
    b. Orientados hacia el interior del punto de venta.
    c. Orientados hacia la calle, por lo que serán los mejor percibidos por el público.
    d. Todas las opciones son incorrectas.

6. ¿Existen escaparates no orientados a la calle?

    a. Sí, orientados hacia galerías comerciales y hacia el interior del comercio.
    b. Sí, los escaparates en el interior de la tienda.
    c. No, todo escaparate es exterior.
    d. Las opciones a y b son correctas.

7. De las siguientes afirmaciones, indique cuál es verdadera o falsa.

    a. El escaparate de fondo abierto prescinde de fondo, por lo que el espectador puede tener la visión completa del comercio.

        ☑ **Verdadero**
        ☐ Falso

    b. El escaparate de fondo cerrado está en consonancia con el interior de la tienda, ya que deja ver el punto de venta.

        ☐ Verdadero
        ☑ **Falso**

    c. El escaparate semiabierto está cerrado desde el inferior, por lo que tiene fondo pero se contempla parte del interior del punto de venta. Permite paso de luz natural.

        ☑ **Verdadero**
        ☐ Falso

8. Relacione los siguientes elementos según la clasificación de escaparates.

    a. Escaparate de oportunidad.
    b. Escaparate de servicios.
    c. Escaparate de fondo semiabierto.

    b. Según su género.
    a. Según su función.
    c. Según su estructura.

9. Algunos de los elementos del escaparate son:

    a. Elementos de animación
    b. Perchas
    c. Exhibidores y maniquíes
    d. Todas las opciones son correctas.

10. Algunas normas de composición en escaparatismo son:

    a. Los artículos o productos de venta y exposición deben tener relación en forma, color o concepto.
    b. Las formas geométricas deben ser una o dos.
    c. Los colores elegidos deber ser variados, a ser posible más de siete tonos.
    d. Las opciones a y b son correctas.

11. ¿Qué es el peso visual?

    a. Lo que pese el objeto.
    b. La atención visual que reclame un objeto por su color, forma o textura.
    c. La falta de atención visual, un objeto que pase desapercibido.
    d. Todas las opciones son incorrectas.

12. Relacione los siguientes elementos.

    a. Leyes de la Gestalt.
    b. Principio de proximidad.
    c. Principio de cierre.
    d. Figura y fondo.

d. Rubin.

c. Percepción de cerrar objetos abiertos.

b. Percepción de agrupación de objetos.

a. Leyes de percepción visual.

13. Las técnicas de escaparatismo son:

a. Mecánica

b. Sugestiva

c. Rítmica

d. Todas las opciones son correctas.

14. La importancia de la composición en escaparatismo se crea con...

a. ... la luz, el fondo y los elementos decorativos.

b. ... la luz, la forma y el color.

c. ... el color y los maniquíes.

d. Todas las opciones son incorrectas.

15. Los bocetos para el diseño de escaparates se pueden realizar...

a. ... a mano alzada.

b. ... con programas gráficos.

c. No son necesarios bocetos en escaparatismo.

d. Las opciones a y b son correctas.

16. De las siguientes afirmaciones, indique cuál es verdadera o falsa.

a. La creatividad se fomenta con ejercicios de creatividad.

☑ **Verdadero**

☐ Falso

b. En escaparatismo, todo está preconcebido, por lo que no existe innovación.

☐ Verdadero

☑ **Falso**

c. La creatividad son nuevas soluciones a problemas.

☑ **Verdadero**
☐ Falso

 Solucionario Capítulo 2

1. **De las siguientes afirmaciones, indique cuál es verdadera o falsa.**

   a. Con una estructura multifuncional los elementos utilizados pueden utilizarse varias veces con diferentes funciones.

      ☑ **Verdadero**
      ☐ Falso

   b. Entre los elementos estructurales ligeros se encuentran los pequeños artículos que se exponen en un escaparate.

      ☐ Verdadero
      ☑ **Falso**

   c. Los escaparates con mayor facilidad de montaje y decoración son aquellos que no tienen fondo.

      ☐ Verdadero
      ☑ **Falso**

2. **El tipo de cristal más utilizado en las lunas de los escaparates es:**

   a. El cristal sencillo
   b. El triple cristal
   c. El cristal blindado
   d. **El vidrio templado laminado**

3. **Los paneles elaborados con residuos de maderas prensadas se denominan...**

   a. ... contrachapados.
   b. ... laminados.
   c. **... paneles de aglomerado.**
   d. ... paneles decorativos.

4. Entre los tipos de pinturas más utilizados actualmente en paredes interiores o exteriores, puesto que son impermeables y se limpian fácilmente, se encuentran...

    a. ... **las pinturas plásticas.**
    b. ... las pinturas a la cal.
    c. ... las pinturas granuladas.
    d. ... las pinturas al temple.

5. Complete.

Ha de evitarse la instalación de pantallas de luz o cables eléctricos cerca de focos de **calor.**

6. El poliespan o corcho blanco está formado por...

    a. ... **planchas de poliestireno expandido.**
    b. ... paneles de aluminio.
    c. ... materiales reciclados.
    d. ... planchas de celulosa.

7. ¿Qué es la textura de un material u objeto?

La apariencia externa y las cualidades físicas o químicas que se observan o se tocan.

8. Indique qué tipo de colas se utilizan para pegar el papel pintado.

    a. Colas de látex
    b. Colas de resina de epoxi
    c. **Colas de almidón o celulósicas**
    d. Colas de contacto al neopreno

9. El tejido de algodón con dibujos en relieve se denomina...

    a. ... gasa.
    b. ... loneta.
    c. ... **piqué.**
    d. ... otomán.

10. Se le conoce con la denominación de *dimmer* a...

    a. ... la iluminación decorativa.
    b. ... los reguladores de intensidad de luz.
    c. ... las luces de colores.
    d. ... los interruptores normales.

11. ¿Qué variables se tendrán en cuenta principalmente para calcular la potencia de iluminación que habrá de instalarse en un escaparate?

Se calculará teniendo en cuenta el tamaño del escaparate, las medidas de profundidad y la altura del espacio.

12. Complete utilizando las palabras que se indican a continuación: limpieza, orden y número de artículos.

Los productos del escaparate han de estar colocados siguiendo un **orden** determinado; además, debe mantenerse una **limpieza** impecable de todos los elementos y estructuras y no sobrecargar en exceso el escaparate con un **número** de **artículos** excesivo.

13. ¿En qué tipo de lámparas no debe tocarse el vidrio con las manos?

    a. Lámparas halógenas
    b. Fluorescentes
    c. Lámparas de neón
    d. Luces de tipo led

14. A la Ley 31/1995, de 8 de noviembre, se le denomina también...

    a. ... Ley de Seguridad y Prevención.
    b. ... Ley de Prevención de Riesgos Laborales.
    c. ... Ley de Igualdad.
    d. ... Ley de Seguridad e Higiene.

15. Relacione los siguientes tipos de fuentes de luz con sus características más importantes.

    a. Halógeno.
    b. Lámpara con fibra óptica.
    c. Led.
    d. Lámpara fluorescente.

    d. Tiene formato de tubo y proporciona una luz fría.
    b. Proyecta una luz intensa sin sombras.
    a. Emite una luz blanca y brillante y despide bastante calor.
    c. Son luces de gran intensidad y elevada eficiencia energética.

Venta online

Ejercicios de autoevaluación
Unidad de Aprendizaje 1

1. **¿En qué tipo de *e-Business* se realizan actividades empresariales dirigidas al cliente?**

   a. B2A
   b. B2B
   c. B2C
   d. B2D

2. **Identifica si las siguientes afirmaciones son verdaderas o falsas.**

   a. El B2A es la estrategia que desarrollan las empresas comerciales para llegar directamente al usuario final utilizando medios electrónicos.

   ■ Verdadero
   ■ **Falso**

   b. El B2B es un servicio que ofrece la Administración, tanto a empresas como a ciudadanos, para realizar trámites administrativos a través de internet.

   ■ Verdadero
   ■ **Falso**

3. **Relaciona cada campo del correo electrónico con sus características.**

   a. CCO
   b. CC
   c. Bandeja de entrada
   d. Enviados

   <u>b.</u> Este campo permite que el correo se envíe a más de una persona.
   <u>a.</u> No se muestra la lista de destinatarios del correo.
   <u>c.</u> Es la carpeta en la que se reciben la mayoría de los correos.
   <u>d.</u> Es la carpeta en la que se almacenan los correos enviados.

4. Determina cuál de los siguientes elementos no pertenece a la clasificación del correo electrónico en función de su forma de pago.

    a. Correos gratuitos
    b. Correos asociados a un servicio
    c. Correo POP
    d. Correos de pago

5. Identifica si las siguientes afirmaciones son verdaderas o falsas.

    a. En el teletrabajo, la jornada laboral del trabajador se desarrolla en el domicilio del trabajador y en la empresa.

        ■ **Verdadero**
        ■ Falso

    b. Las personas que desarrollan el teletrabajo deben utilizar las Tecnologías de la Información y la Comunicación (TIC).

        ■ **Verdadero**
        ■ Falso

6. La lista de distribución en la que un suscriptor utiliza la lista de correo para enviar un mensaje al resto de suscriptores, los cuales pueden responder de la misma forma, pudiendo generar debates e intercambios de información, se denomina...

    a. ... lista de debate.
    b. ... boletín tradicional.
    c. ... boletín electrónico.
    d. ... cuenta de *e-mail.*

7. El conjunto de procedimientos que permiten situar una página web en un lugar óptimo entre los resultados proporcionados por un motor de búsqueda se denomina...

    a. ... posicionamiento de metadatos.
    b. ... posicionamiento web.
    c. ... gestión de metadatos.
    d. ... posicionamiento de marca.

8. **Determina cuál de las siguientes opciones se considera una ventaja del comercio electrónico desde el punto de vista del usuario.**

    a. Difusión
    b. Competitividad
    c. Expansión
    d. Accesibilidad

9. **¿Cómo se denomina el motor de búsqueda al que se dirige el servidor?**

    a. Servidores de aplicaciones
    b. SEO
    c. Plataforma del servidor
    d. Buscador de internet

Ejercicios de autoevaluación
Unidad de Aprendizaje 2

1. Los internautas que buscan su conveniencia de principio a fin y representan el segmento más atractivo para los comerciantes se denominan...

    a. ... rutinarios.
    b. ... conectores.
    c. ... simplificadores.
    d. ... surferos.

2. Identifica si las siguientes afirmaciones son verdaderas o falsas.

    a. Los usuarios conectores son aquellos que acaban de ingresar en la red y están buscando razones para navegar por ella.

        ■ **Verdadero**
        ■ Falso

    b. Los usuarios buenos negociantes visitan pocos sitios, normalmente de temática informativa o financiera, pero pasan casi el doble de tiempo que la media de usuarios en una página.

        ■ Verdadero
        ■ **Falso**

3. Relaciona cada tipo de *marketing* viral con sus características.

    a. Pásalo
    b. Viral incentivado
    c. *Marketing* encubierto
    d. *Marketing* del rumor

c. Se trata de un mensaje viral que se presenta como una web o noticia atractiva e inusual.

b. Se solicita a un usuario que pase un mensaje y se le ofrece por ello una recompensa.

d. El objetivo que persiguen estas campañas suele ser la búsqueda del enfrentamiento y la controversia.

a. Consiste en un mensaje en el que se anima al receptor a que lo envíe a sus contactos.

4. **El elemento de diseño de una página web que abarca las cuestiones referidas al diseño de prototipos y patrones, al estilo y diseño de la imagen gráfica, y a aspectos relacionados con la usabilidad y la accesibilidad, se denomina...**

   a. ... producción.
   b. ... definición.
   c. ... estampación.
   d. ... estructuración.

5. **¿Cuál de las siguientes opciones se considera un error en el diseño de las páginas web?**

   a. Utilizar un servidor de pago.
   b. Exponer la información de contacto.
   c. **Conferir a la web un aspecto muy llamativo.**
   d. Hacer un uso adecuado de los menús desplegables.

6. **Identifica si las siguientes afirmaciones son verdaderas o falsas.**

   a. La usabilidad mide cómo resulta de intuitiva y fácil de usar una página web para los usuarios.

   ■ **Verdadero**
   ■ Falso

   b. Una tienda virtual pura incita a sus clientes potenciales a visitar el servidor web del comerciante aun cuando no estén interesados en comprar en ese momento.

   ■ Verdadero
   ■ **Falso**

7. El *software* que asiste al cliente en su recorrido virtual por la tienda, anotando los productos que va indicando y calculando su importe final, se denomina...

    a. ... trastienda virtual.
    b. ... carrito de la compra.
    c. ... PayPal.
    d. ... CMS.

8. Relaciona cada tipo de descuento con sus características.

    a. Vale diferido
    b. Reembolso
    c. Producto adicional
    d. La oferta de autoliquidación

    <u>a.</u> Consiste en proporcionar un vale o cupón que suele ir adherido al producto en el envase, etiqueta o envoltorio.
    <u>c.</u> Esta oferta consiste en el incremento de la cantidad del producto, sin modificar el precio de venta al público.
    <u>b.</u> Este tipo de promoción consiste en el abono de una cantidad al cliente que anteriormente adquirió un producto mediante el envío de la prueba de compra.
    <u>d.</u> En esta promoción se puede acceder a la compra de un producto ofertado mediante la compra de un producto base, siendo ambos diferentes.

9. Determina cuáles son las características básicas del pago contra reembolso.

    a. Aumento de la confianza del cliente.
    b. Abono de cierta cantidad en concepto de fianza que se descuenta del pago final.
    c. Presenta un alto índice de riesgo para la tienda virtual.
    d. Las opciones a y c son correctas.

10. Identifica si las siguientes afirmaciones son verdaderas o falsas.

a. Si un consumidor desea presentar una reclamación ante una empresa, en primer lugar, realizará una denuncia administrativa ante las autoridades competentes.

- ■ Verdadero
- ■ **Falso**

b. Una vez celebrada la venta, el oferente del bien deberá acusar el recibo del pedido, ya que la orden de compra debe ser expresamente aceptada por el cliente, y confirmar la recepción de la aceptación del destinatario.

- ■ **Verdadero**
- ■ Falso

Solucionario 7
Gestión de compras en el pequeño comercio

 Solucionario Capítulo 1

1. **Indique en qué fase el producto se está adecuando al mercado, y ya se puede estudiar e intentar adivinar cuál va a ser su comportamiento en el mismo a lo largo de su ciclo de vida.**

    a. Madurez
    b. Introducción
    c. Crecimiento
    d. Declive

2. **Enumere las estrategias a tomar en la planificación comercial de objetivos.**

    Estrategia de producto-mercado, estrategia de posicionamiento, estrategia funcional.

3. **Complete la siguiente oración.**

    En la fase de planificación se definen las primeras pautas, como que la cantidad de producto que se ha de comprar al proveedor satisfaga las necesidades de venta sin ser escaso ni se exceda, si permite **cumplir los plazos de entrega,** y los márgenes de beneficio que se pueden obtener.

4. **Indique si las siguientes afirmaciones son verdaderas o falsas.**

    a. El *stock* de reserva es esa cantidad de producto que se mantiene en el punto de venta en previsión natural de rotación o salida de un producto en concreto.

        ☐ Verdadero
        ☑ **Falso**

    b. Un producto llega a su fase de madurez cuando este deja de experimentar un crecimiento notorio y empieza a mantener los mismos resultados de compra y venta en los mercados.

        ☑ **Verdadero**
        ☐ Falso

5. Si se divide la cantidad media del *stock* por el total de las ventas en un periodo de tiempo concreto se obtiene...

    a. ... la tasa de crecimiento de un producto.
    b. ... el índice de rotación de existencias.
    c. ... el índice de cobertura.
    d. Todas las opciones son incorrectas.

6. Indicar en qué fase del producto se comprobará que se han cumplido con las cantidades referidas por artículo solicitadas al proveedor.

    a. Del pago a proveedores.
    b. Producto, calidad e inspección de pedidos.
    c. De planificación.
    d. De presupuesto.

7. Complete los huecos con las siguientes palabras:

    extinción / cálculos / productos / crecimiento / mercados

Se mantienen posibles márgenes de error en todo estudio comercial, por lo que pese a un control exhaustivo y periódico de los **mercados,** esos **cálculos** se pueden ir al traste con una leve variación externa que acabe por afectar al normal ciclo de vida que los productos iban manteniendo en ese mercado en concreto, y aquellos **productos** en fase de madurez o **crecimiento** pueden volverse productos en declive o **extinción,** y aquellos en declive, completamente necesarios para un alto número de demandantes.

8. Relacione cada producto con la escala de producto establecida por la *Boston Consulting Group* que cree más oportuno dependiendo de sus características.

    a. Televisión 3D
    b. Video VHS
    c. Refresco de cola

    c. Vaca lechera
    a. Interrogante
    b. Perro

9. **Complete la siguiente oración.**

El **índice de cobertura** es una medida de tiempo que se refleja al determinar el número aproximado de días en que el producto puede estar ofrecido en zona de ventas (cubrir la demanda) sin necesidad de aumentar tal cantidad, o lo que es lo mismo, sin reponer todos esos productos una vez vendidos, valiéndose solo con el *stock* disponible en zona de ventas.

10. **Se abastecerá de un mismo surtido de productos...**

    a. ... un comerciante con bajo presupuesto.
    b. **... un comercio temático.**
    c. ... un comercio minimalista.
    d. Todas las opciones son incorrectas.

11. **Cuando se habla de garantías ante el trato con proveedores, esta va relacionada con...**

    a. ... la capacidad de devolución de mercancía en mal estado.
    b. ... confianza o amistad con un proveedor.
    c. ... experiencia del proveedor en el sector.
    d. **Todas las opciones son correctas.**

12. **Se conoce como inventario activo a...**

    a. ... una persona hábil controlando las existencias.
    b. ... al *stock* de seguridad.
    c. **... al *stock* habitual que se oferta y renueva constantemente en el comercio.**
    d. ... el que realiza el proveedor cuando llega a las instalaciones.

13. **Ordene las fases del ciclo de compra numerándolas del 1 al 6.**

    5. Venta, plazo de entrega y precio.
    2. Tamaño del surtido y *stock* de productos.
    4. Producto, calidad e inspección de pedidos.
    1. Fase de planificación y presupuesto.
    3. Elección de proveedores.
    6. Pago a proveedores.

14. Tache la palabra menos adecuada en referencia a la afirmación que se le hace.

El nivel de (**compras**) (~~ventas~~) vendrá definido por la propia filosofía empresarial y por su capacidad adquisitiva principalmente. Evidentemente, a un mayor número de ventas mayor será la necesidad de (~~provisionado~~) (**reposición**). Para ello, el comercio debe garantizar a su vez unos beneficios, o al menos unas condiciones de (**pago**) (~~confianza~~) flexibles con los proveedores que lo abastecen para que esa relación comercial pueda continuar y seguir pudiendo ofertar tales productos para que la relación (**comercial**) (~~personal~~) se mantenga.

15. ¿Para qué sirve la planificación comercial?

Una correcta planificación comercial permite definir de forma más concreta la estrategia empresarial y los objetivos que la misma desea obtener, hecho que determina en gran parte los resultados y beneficios que una empresa ha de recibir.

Solucionario Capítulo 2

1. **De las siguientes frases, indique cuál es verdadera o falsa.**

   a. Una cadena voluntaria es un tipo de asociación en el que por hacer uso de la identidad corporativa de una empresa mayor o grupo empresarial hay que pagar un canon periódico.

   ☐ Verdadero
   ☑ **Falso**

   b. Las técnicas de desarrollo se basan en, sin perder la iniciativa en la negociación, presentar una propuesta o esperar a que sea la otra parte la que la haga, facilitando toda la información disponible o aquella estrictamente necesaria, pero siempre a favor del objetivo deseado.

   ☑ **Verdadero**
   ☐ Falso

   c. Es muy importante controlar el rol elegido, pues de la proyección que cada uno ofrece de sí mismo hacia el exterior dependerá en gran parte la negociación.

   ☑ **Verdadero**
   ☐ Falso

2. **Complete los siguientes textos.**

   No siempre se establece una negociación a través del contacto **personal** o cara a cara. Muchas veces se consiguen acuerdos verbales a través de vía **telefónica,** del uso de mensajería personal o a través de **internet.** Pero lo más habitual, cuando se pretenden negociar aspectos del contrato entre **proveedor** y pequeño comerciante es hacerlo en un lugar en concreto y establecer una comunicación personal, verbal y **no verbal.**

   En la técnica de **ataque** se busca la intimidación, la **tensión** en la otra parte. Para ello hay que mostrarse **duro** y **desafiante,** sin permitir que la otra parte intente **calmar** la situación.

3. Técnica con la que se busca obligar a la otra parte a cerrar el trato habiendo cedido más de lo que se pretendía a base de ir haciendo peticiones menores de forma constante.

    a. Técnica de desgaste.
    b. Técnica engañosa.
    c. Técnica de policía bueno, policía malo.
    d. Técnica de las concesiones crecientes.

4. Cuando un mercado lo domina una sola empresa se denomina monopolio, pero cuando lo domina un número limitado de empresas se conoce como...

    a. ... algunopolio.
    b. ... libre mercado.
    c. ... oligopolio.
    d. ... oligapolio.

5. Relacione cada instrumento de negociación con su definición.

    a. Cantidad
    b. Condiciones de entrega
    c. *Rappels*

    b. Se exige descuento si hay incumplimiento.
    c. Descuentos escalados por ventas y objetivos.
    a. Más descuento si el pedido es mayor.

6. Cada miembro de la asociación empresarial actúa de manera independiente, y con casi total libertad, esto es:

    a. Central de compra.
    b. Cadena voluntaria.
    c. Franquicia.
    d. Todas las opciones son incorrectas.

7. La realidad de la agrupación la conforman muchas empresas dedicadas al mismo servicio o bien en régimen de asociación o sociedad, respetando sus identidades corporativas pero apoyadas en un grupo empresarial, esto es:

    a. **Central de compra.**
    b. Cadena voluntaria.
    c. Franquicia.
    d. Todas las opciones son incorrectas.

8. Complete los huecos con las siguientes palabras:

buscadores / mercados *online* / internet / páginas de enlaces

La búsqueda de proveedores usando **internet** se puede hacer de diferente modo, o bien haciendo una búsqueda general simplemente escribiendo lo que se necesita encontrar a través de los **buscadores** habituales con los que se dota a la red, o bien gracias a lo que se conoce como **mercados *online*** o **páginas de enlaces** mayoritarios de empresas y proveedores.

9. Señale las técnicas usadas como instrumento de negociación.

    a. **Policía bueno y policía malo.**
    b. **Técnica de ataque.**
    c. Técnica a la defensiva.
    d. Ceder la posición de poder.
    e. **Técnica de desgaste.**

10. Busque en esta sopa de letras CUATRO formas de pago.

C	S	R	T	I	N	T	S	C	S	C
D	O	S	D	O	D	R	O	D	O	D
Z	I	O	S	Q	W	A	I	Z	I	Z
V	E	Y	I	L	T	N	E	V	E	V
L	R	R	S	E	F	S	R	L	R	L
O	A	R	J	E	E	F	A	O	A	O
B	G	R	E	T	S	E	G	B	G	B
D	A	T	K	Z	S	R	A	D	A	D
T	P	L	A	A	R	E	P	T	P	T
A	O	O	T	O	E	N	O	A	O	A
C	E	U	Q	E	H	C	E	C	E	C
C	A	S	L	M	N	I	A	C	A	C
I	E	Z	I	R	I	A	E	I	E	I
D	O	S	D	O	D	A	O	D	O	D

11. Enumere al menos cinco ejemplos de instrumentos de negociación.

Cantidades, precios, *rappels,* condiciones de entrega, condiciones de pago, descuento por pronto pago, operaciones promocionales.

12. Señalar la respuesta correcta. Son las que suelen hacerse de manera privada (en instalaciones preparadas para ello o en la propia empresa) o en ferias y exposiciones comerciales.

    a. Técnicas engañosas.
    b. Reuniones de negociación agresiva.
    c. Reuniones promocionales.
    d. Todas las opciones son correctas.

13. En un sistema de fidelización...

    a. ... se obliga al comerciante a ser cliente fiel de bienes y servicios de una empresa proveedora.

    b. ... se puede premiar al comerciante fiel ofreciéndole grandes descuentos o regalos si su número de compras va siendo cada vez mayor.

    c. ... se valora la actitud del comerciante fiel pagándole cuotas o cánones periódicos por su entrega.

    d. Todas las opciones son correctas.

14. En internet se suele ofrecer información de productos o servicios puntuales como mejores ofertas (a precios muy bajos) en catálogo, pero que generalmente acaban por elevar su precio a lo largo de una puja posterior. Esto es:

    a. Central de compra

    b. Centros de catálogo

    c. Bolsa

    d. Cadena voluntaria

15. Internet se ha consolidado como una potente herramienta de búsqueda de proveedores, pero también como...

    a. ... un lugar de concentración de proveedores y clientes finales.

    b. ... canal de compra.

    c. ... punto de contacto de empresas nacionales y las no internacionales.

    d. Todas las opciones son correctas.

Solucionario Capítulo 3

1. Conteste verdadero o falso.

a. Las ofertas temporales consisten en sorprender al comerciante con una subida de precios indicada en un periodo de tiempo corto y que obliga a tomar la decisión de manera rápida si pretende beneficiarse de esa oportunidad.

☐ Verdadero
☑ **Falso**

b. Cuando algún documento de la relación mercantil se ha extraviado por una incorrecta organización o almacenamiento del mismo, no se puede exigir que la empresa emisora le reenvíe un duplicado.

☐ Verdadero
☑ **Falso**

2. Complete los huecos con las palabras expuestas.

medio / sociales / internet

Una de las TIC más utilizadas es la red de **internet**. Esta es empleada en casi todos los estratos **sociales** y en casi todas las edades. Tal es así que los niños ya van haciendo uso de aparatos basados en este sistema como **medio** de comunicación, tanto en los hogares como en los centros educativos.

3. Busque en esta sopa de letras cuatro tipos de documentos esenciales en el proceso mercantil.

F	A	C	T	U	R	A	F	T	U	T
Z	R	O	S	Q	W	A	Z	S	Q	S
V	P	Y	N	L	N	Z	V	N	L	N
L	M	R	E	O	F	Ñ	L	E	O	E
O	O	R	G	E	E	Y	O	G	E	G
B	C	C	I	T	S	D	B	I	T	I
D	E	T	N	Z	K	E	D	N	Z	N
P	D	S	A	A	R	S	P	A	A	A
A	N	O	R	O	Z	P	A	R	O	R
C	E	R	A	L	T	A	C	A	L	A
C	D	S	B	M	L	A	C	B	M	B
I	R	Z	L	T	I	B	I	L	T	L
D	O	S	A	O	D	C	D	A	O	A
A	T	T	P	C	A	X	A	P	C	P
O	D	I	D	E	P	U	O	D	E	D

4. Relacione cada abreviatura con su definición correspondiente.

a. ERP
b. EDI
c. WMS
d. MRP

__d.__ Planificación de las necesidades materiales.
__a.__ Planificación de recursos empresariales.
__b.__ Sistema de intercambio de datos.
__c.__ Sistema de gestión de almacén.

5. **Escoja la palabra más adecuada en referencia a la afirmación que se le hace.**

La principal ventaja tanto de los (**sistemas**)(~~equipos~~) SGA como los de ERP es el control y cambio de información (~~desechada~~)(**relevante**) en tiempo real. Todo lo que se comunica por (~~voz~~)(**escrito**) en estas herramientas informáticas conectadas a internet puede ser ya observado por la otra parte interesada en el mismo momento en el que se ha (~~imaginado~~)(**notificado**).

6. **La mensajería instantánea puede ser emitida y recibida a través de...**

    a. ... *tablets.*
    b. ... teléfonos móviles.
    c. ... ordenadores personales.
    d. Todas las opciones son correctas.

7. **Complete el siguiente texto.**

Aunque el **teléfono** sea un medio de comunicación a distancia, y por tanto podría ser calificado como un medio **telemático,** es en realidad considerado un medio convencional o **presencial.** Por el calado histórico que tiene ya la telefonía en la sociedad, y debido a que el contacto **telefónico** se hace generalmente entre personas que ya han tenido un acercamiento **previo** y por tanto suelen conocerse entre sí, la realización de pedidos a través de vía telefónica se considera también una de los principales recursos utilizados dentro de los conocidos como medios presenciales.

8. **El concepto se refiere a los medios que tienen relación con el uso de otras nuevas tecnologías como son la informática y sus diferentes posibilidades. Este es:**

    a. Moderno
    b. Telemétrico
    c. Telemático
    d. Instantáneo

9. **Enumere al menos cuatro medios con los que poder hacer un pedido de manera telemática a través de internet.**

Ordenador personal, portátil, sistema ERP, móvil, *tablet,* TPV, agenda electrónica.

10. **Las siglas del acrónimo TPV significan...**

    a. ... Tarjeta Personalizada Vip.
    b. ... Terminal a Punto de Verse.
    c. **... Terminal Punto de Venta.**
    d. ... Todo Pedido está Vinculado.

11. **Las especificaciones del producto...**

    a. ... deben ser indicadas en el embalaje o fuera de él.
    b. ... deben ser indicadas solo en el interior del embalaje.
    c. ... deben ser indicadas en el interior del embalaje.
    d. **Las opciones a y c son correctas.**

12. **Enumere del 1 al 4 el orden correcto de emisión de los siguientes documentos en una transacción comercial habitual.**

    2. Aviso de envío
    4. Factura
    1. Pedido
    3. Albarán

13. **Para liberar un exceso de *stock* en almacén, el proveedor suele...**

    a. ... eliminar la mercancía sobrante.
    b. ... regalar la mercancía al primer cliente que llegue a sus instalaciones.
    c. **... realizar ofertas a sus clientes.**
    d. Las opciones a y b son correctas.

14. En un proceso de detección de errores...

    a. ... se debe hacer una comprobación solo al final del proceso.
    b. ... se ha de planificar solo con anterioridad para evitar errores.
    c. **... se aconseja que se haga una evaluación constante.**
    d. Todas las opciones son correctas.

15. Una clara desventaja en la organización material y archivo de la documentación por medios íntegramente telemáticos es:

    a. La lenta búsqueda de información en la base de datos.
    b. Que no puede coexistir con los medios tradicionales de archivo.
    c. **La pérdida de información si se deteriora el disco duro.**
    d. Que nadie que no sea el jefe puede tener acceso a la información de base de datos.

 Solucionario Capítulo 4

1. **De las siguientes frases, indique cuál es verdadera o falsa.**

   a. El código QR es también conocido como sistema de códigos tridimensionales.

   ☐ Verdadero
   ☒ **Falso**

   b. Algo que suele ser habitual tanto en grandes como en pequeños almacenes de mercancía es el uso de las escaleras manuales, y es que el acceso a zonas altas de estanterías es común y necesario tanto en un tipo de almacén como en otro.

   ☒ **Verdadero**
   ☐ Falso

   c. El orden y la limpieza de los almacenes no es un punto esencial ni importante en el pequeño comercio, pero sí en las instalaciones de mayor tamaño como la de los proveedores o suministradores.

   ☐ Verdadero
   ☒ **Falso**

2. **Complete los siguientes textos.**

   En el sistema conocido como **ABC** los **productos** estarán divididos en tres zonas donde los artículos de tipo A serán los que tendrán mejor salida, y se suelen colocar más **cerca** de la **zona de ventas,** y los de tipo **C** serán los de **menor** salida y más lejanos.

   Los equipos de protección individual más utilizados en el pequeño comercio son los **guantes de cuero** o tela gruesa para manipular la **carga** y también para utilizar herramientas cortantes como el **cúter** (por si se resbalase la cuchilla).

3. **Lo habitual es que cuando llega el proveedor a las instalaciones del comerciante este...**

    a. ... no lo comunique.
    b. ... descargue la mercancía allí donde desee.
    c. ... descargue la mercancía allí donde el comerciante se lo indique.
    d. ... deje que el comerciante descargue la mercancía.

4. **Son aplicaciones ofimáticas de control de almacén...**

    a. ... las SGA.
    b. ... los ERP.
    c. ... las hojas de cálculo.
    d. Todas las opciones son correctas.

5. **Relacione cada código con su composición.**

    a. Sistema numérico.
    b. Sistema alfanumérico.
    c. Sistema de figuras geométricas.

    b. Etiquetas electrónicas.
    a. Código de barras.
    c. Código Bidi.

6. **Las etiquetas electrónicas permiten...**

    a. ... textos y códigos, pero no logotipos.
    b. ... una rápida modificación.
    c. ... inclusión de papel en su marco.
    d. Todas las opciones son incorrectas.

7. **Se puede acceder al registro de los productos en las TPV...**

    a. ... mediante el uso de su teclado.
    b. ... al enchufar esta a la red eléctrica.
    c. ... cuando el fabricante facilita la clave de acceso.
    d. Todas las opciones son correctas.

8. Complete los huecos con las siguientes palabras:

software / *stock* / control / conteo

La mejor forma de mantener un **control** sobre la gestión del ***stock*** será a través de documentos periódicos, ya sean escritos, impresos o usando ***software*** de ordenador específico (generalmente programas basados en el sistema de hojas de cálculo) donde indicar el número de existencias en el día en que se realizó el **conteo**, número de pedidos resultantes en ese periodo y cambios de tendencia de compras.

9. Señale las afirmaciones correctas sobre el método de Pareto.

   a. El 80 % de los productos generan las mayores ganancias.
   b. **Se basa en estudios sobre productos mercantiles.**
   c. Es una relación entre tres tipos de productos.
   d. **Se basa en estudios del mercado en sí.**
   e. **Simplifica el estudio identificando solo dos grupos.**

10. Busque en esta sopa de letras CUATRO equipos de protección individual.

C	S	R	T	I	N	T	C	S	C	S
D	O	S	D	O	D	R	D	O	D	O
Z	I	O	S	C	W	T	Z	I	Z	I
V	G	Y	I	S	F	G	V	G	V	G
L	U	R	S	A	F	S	L	U	L	U
O	A	R	J	C	E	F	O	A	O	A
B	N	A	E	T	S	E	B	N	B	N
D	T	T	K	Z	S	Y	D	T	D	T
T	E	L	A	A	B	E	T	E	T	E
A	S	O	T	O	E	Q	A	S	A	S
C	E	B	T	E	H	C	C	E	C	E
C	A	A	L	M	N	I	C	A	C	A
I	S	Z	I	R	I	A	I	S	I	S
D	O	S	D	O	D	A	D	O	D	O

11. Enumere al menos cinco posibles accidentes en el almacenaje y reposición de productos.

Daños lumbares, daños de espalda, golpeos, aplastamientos, pellizcos, caídas a mismo nivel, caídas a distinto nivel, golpeo de extremidades con productos, resbalones, caídas de escaleras, golpeos con estanterías, golpeos con puertas.

12. Se recomienda como peso máximo autorizado, según estudios de ergonomía, para un joven normal sin cualidades físicas deportivas demostradas un máximo de...

      a. ... 25 kilos para carga manual.
      b. ... 10 kilos para carga manual.
      c. ... 15 kilos para carga manual.
      d. ... 50 kilos para carga manual.

13. Es imprescindible considerar en el uso de escaleras...

      a. ... que todas las patas tengan las zapatas antideslizantes.
      b. ... el ángulo de inclinación aproximado ha de ser de 75 grados.
      c. ... debe asomar al menos un metro si se apoya sobre baldas de estantería.
      d. Todas opciones son correctas.

14. En un sistema de codificación numérica es habitual el sistema de...

      a. ... código Bidi.
      b. ... correlación de números.
      c. ... abreviatura.
      d. ... código binario.

15. Señale la respuesta correcta.

      a. En Estados Unidos y Canadá se denomina sistema de codificación EDI.
      b. En Japón se conoce como sistemas UPC.
      c. En Europa se conocen como códigos EAN.
      d. En España se denominan códigos AECO.

Solucionario Capítulo 5

1. **Complete los siguientes textos.**

La detección de **obsoletos** es algo difícil de descubrir con el uso de **fórmulas**, coeficientes o índices y en muchos casos se debe a que han quedado en el olvido al no ser reflejados en algún **inventario** y en sus posteriores revisiones periódicas. Se aconseja que cada recuento de **almacén** se haga sobre un registro reflejado en aplicaciones ofimáticas ya que cuanto antes sea detectada la posible **obsolescencia,** antes se podrá atajar el problema.

Tan importante es controlar el movimiento de las **mercancías,** como es el seguimiento y la gestión de las **ventas,** pues de los datos obtenidos gracias a esta **observación** se determinarán los referentes al **capital** real del que dispone la empresa con cada nuevo ciclo para poder **reponer** de nuevo sus existencias.

2. **Se basa en el conteo de personas...**

    a. ... el índice de circulación.
    b. ... el índice de atracción.
    c. ... el índice de compra.
    d. Todas las opciones son correctas.

3. **En un sistema de almacén de tipo LIFO...**

    a. ... es difícil que se generen obsolescencias.
    b. ... los últimos productos en entrar son los últimos en salir.
    c. ... se pueden quedar sin salida comercial ciertos productos.
    d. ... los primeros productos en entrar son los que primero han de salir.

4. De las siguientes frases, indique cuál es verdadera o falsa.

a. En un sistema ABC se dividen los productos en tres grupos (A, B y C) según su salida comercial. Generalmente, los productos con mayor salida (B) se colocan más cercanos a la puerta que comunica almacén con zona de ventas y los de menor movimiento en la zona más alejada (la C).

      ☐ Verdadero
      ☑ **Falso**

b. Nunca se sabe a ciencia cierta cuál va a ser la aceptación de un nuevo producto. A veces se puede presuponer por el inicio de una moda o tendencia, o por la esperanza de que la aceptación va a ser muy alta dado que es un producto esperado y demandado de antemano (con lista de espera), pero no siempre es así.

      ☑ **Verdadero**
      ☐ Falso

c. La detección de productos poco rentables u obsoletos por parte del comerciante supone una clara desventaja y a largo plazo dicha detección genera costes.

      ☐ Verdadero
      ☑ **Falso**

5. Señale cuál de las palabras abajo indicadas no forman parte del acrónimo DAFO.

a. Amenazas
b. Oportunidades
c. **Franquicias**
d. Debilidades

6. Observando las cámaras de videovigilancia se descubre que el 50 % de las personas que entraron en las instalaciones comerciales de un total de 15.000 que la visitaron se detuvieron frente a un mismo artículo. Calcule el índice de atracción de dicho producto.

   Índice de atracción producto = Clientes que se paran frente al producto/Clientes totales en el comercio en un periodo de tiempo determinado.

   7.500/15.000 = 0,5.

7. Son consideradas zonas de compra impulsiva las zonas...

   a. ... templadas.
   b. ... calientes.
   c. ... donde no hay productos junto a otro producto atracción.
   d. ... frías.

8. Complete los huecos con las siguientes palabras:

   productos / monetarios / repuestos / desarrollado / beneficios

   El índice de rentabilidad del lineal **desarrollado** permite determinar en niveles **monetarios** la relación de **beneficios** que garantiza cada unidad de los productos representados en todo el lineal en un periodo de tiempo determinado antes de que estos productos sean de nuevo **repuestos,** y por tanto, sin calcular su índice de rotación.

9. Señale las técnicas usadas para controlar la salida de las mercancías en almacén.

   a. Método de Pareto
   b. LIFO
   c. FIFA
   d. 20/70
   e. ABC

10. Busque en esta sopa de letras **CUATRO** de los índices estudiados en el capítulo.

C	S	N	T	I	N	T	C	N	S	C
D	O	O	D	O	D	R	D	O	O	D
E	E	I	S	Q	W	A	E	I	E	E
C	E	C	I	L	T	N	C	C	E	C
I	R	C	T	E	F	O	I	C	R	I
R	A	A	J	R	E	I	R	A	A	R
C	G	R	S	T	S	C	C	R	G	C
U	Y	T	A	Z	S	A	U	T	Y	U
L	P	A	T	A	R	T	L	A	P	L
A	O	E	N	O	E	O	A	E	O	A
C	E	D	E	P	H	R	C	D	E	C
I	A	S	V	M	N	E	I	S	A	I
O	E	Z	E	R	I	D	O	Z	E	O
N	O	S	D	O	D	H	N	S	O	N

11. Suponiendo que una empresa dispone de un lineal de 3 metros de anchura y siete baldas de 20 centímetros, se pretende saber la productividad media de un producto que ocupase 40 cm en ese lineal, teniendo en cuenta que los beneficios brutos suponen una entrada de 150 euros mensuales.

Productividad del producto sobre el lineal = Beneficio bruto del producto/Lineal ocupado (en cm) por el producto.

Productividad media del lineal = 150/40 = 3,75 euros.

12. **Permite determinar en valores porcentuales la relación que cada producto tiene con respecto a la aportación de beneficios totales del lineal. Esto es:**

    a. Productividad media del lineal.
    b. Rentabilidad del lineal desarrollado.
    c. Ratio de beneficio del lineal.
    d. Todas las opciones son incorrectas.

13. **Los contadores electrónicos de personas...**

    a. ... discriminan entre clientes y trabajadores.
    b. ... pueden discriminar en altura y proporción corporal.
    c. ... reconocen la diferencia entre niños y adultos.
    d. ... son muy inusuales en las páginas web.

14. **Permite determinar qué productos de la zona de venta son repuestos con más frecuencia. Esto es:**

    a. Índice de atracción
    b. Índice de ventas
    c. Índice de rotación
    d. Todas las opciones son correctas.

15. **Suponiendo que una empresa dispone de un lineal de 3 metros de anchura y siete baldas de 20 centímetros, se pretende saber el índice de rentabilidad del lineal desarrollado, teniendo en cuenta que los beneficios brutos suponen una entrada de 90.000 euros mensuales, con un índice de rotación del 4,5.**

Índice de rentabilidad del lineal desarrollado = Beneficio bruto del lineal/Lineal desarrollado (en cm).

Dimensiones del lineal desarrollado: 300 x 7 = 2.100.

Índice de rentabilidad del lineal desarrollado = 90.000/42.000 = 42,8 %.

Organización de los procesos de venta

Ejercicios de autoevaluación
Unidad de Aprendizaje 1

1. **Determina cuáles de las siguientes funciones corresponden al Departamento Comercial.**

   a. Elaboración de los presupuestos y cuentas anuales.
   b. **Estudio de mercado.**
   c. **Planificación de compras.**
   d. **Promoción y publicidad de los productos.**

2. **Relaciona cada tipo de vendedor con sus características.**

   a. Comercio mayorista
   b. Comercio minorista
   c. Comercio por comisión
   d. Comercio exterior

   <u>a.</u> Los productos que encontramos en almacenes siguen generalmente un esquema de venta mayorista, cuyo comprador no es consumidor final de la misma.
   <u>c.</u> Es aquel que realizan los comisionistas o consignatarios, que se dedican a vender productos que no son de su propiedad, sino que se los han encomendado en comisión o en consignación.
   <u>b.</u> Es aquel que vende unidades individuales o pequeñas cantidades al público en general, normalmente en un espacio físico llamado tienda.
   <u>d.</u> Es aquel que vende unidades individuales o pequeñas cantidades al público en general, normalmente en un espacio físico llamado tienda.

3. **Indica si las siguientes afirmaciones son verdaderas o falsas:**

   a. Los consumidores leales a una marca se sienten identificados con la misma, ya que esta les aporta seguridad y confianza.

   ■ **Verdadero**
   ■ Falso

b. Los consumidores impulsivos ponen una gran sensibilidad en sus compras, pues adquieren artículos de índole personal.

- ■ Verdadero
- ■ **Falso**

4. Identifica las funciones del Departamento de Ventas.

a. **Establecimiento de precios.**
b. Control de las remuneraciones del personal.
c. **Elaboración de pronósticos de ventas.**
d. **Realizar acciones de publicidad y promoción.**

5. Relaciona cada establecimiento comercial con sus características.

a. Supermercado
b. Hipermercado
c. Grandes almacenes
d. Centro comercial

a. Se define como una tienda de alimentación, productos de limpieza y hogar en régimen de autoservicio.
b. Cuenta con una superficie de ventas que le permite disponer de una amplia variedad de productos.
d. Conjunto de establecimientos independientes, planificados y desarrollados por una o varias entidades, con criterio de unidad, cuyo tamaño, mezcla comercial, servicios comunes y actividades de carácter complementario están relacionados con su entorno.
c. Se caracterizan por su ubicación en el centro de las grandes ciudades, su sistema de ventas por secciones y su surtido seleccionado.

6. Dentro de la venta presencial, ¿qué tipos se pueden distinguir?

a. Venta *online*
b. **Visita comercial**
c. *Vending*
d. *Telemarketing*

7. Relaciona cada concepto con sus características.

a. Distribuidor
b. Representante comercial
c. Fabricante

a. Pone a disposición de los consumidores finales los bienes del fabricante para su consumo a través de una red de tiendas o a distancia.
b. Es un profesional autónomo, independiente de la empresa para la que presta servicios.
c. Dedica su actividad a la elaboración de productos para consumo por parte de los consumidores finales.

8. Indica si las siguientes afirmaciones son verdaderas o falsas:

a. El franquiciado es quien aporta la denominación social, nombre comercial, insignia y marca en una franquicia.

◼ Verdadero
◼ **Falso**

b. El franquiciador es el individuo que conforma el conjunto o cadena de negocios que explota la concesión del franquiciado.

◼ Verdadero
◼ **Falso**

9. Indica si las siguientes afirmaciones son verdaderas o falsas:

a. El posicionamiento se refiere al lugar que ocupa un producto o una marca según las percepciones de los consumidores respecto a otros productos o marcas competitivas o a un producto ideal.

◼ **Verdadero**
◼ Falso

b. La reputación se genera desde los climas de opinión de los consumidores en su despliegue social.

- **Verdadero**
- Falso

10. **El tipo de venta en la que el vendedor lleva a cabo la distribución del producto a través del correo y la posterior entrega del producto a domicilio se denomina...**

a. ... venta por ordenador.
b. ... venta por teléfono.
c. **... venta por correspondencia.**
d. ... *vending.*

Ejercicios de autoevaluación
Unidad de Aprendizaje 2

1. Determina cuáles de los siguientes aspectos podrían definir al vendedor profesional.

   a. Debe saber convertir los problemas de los clientes en oportunidades de negocio.
   b. Ha de tener una clara orientación hacia el *marketing*.
   c. Debe intentar cerrar una venta por todos los medios.
   d. Ha de saber escuchar y conocer las necesidades reales del cliente.

2. Relaciona cada tipo de vendedor con sus características.

   a. Agente comercial
   b. Agente libre
   c. Representante

   a. Intermediario independiente que se encarga de negociar por cuenta de otras personas la venta y/o la compra de mercancías.
   c. Colaborador independiente del empresario.
   b. Comercializa productos de varias compañías y solo cobra un porcentaje de comisión.

3. Ordena los conceptos que aparecen en la pirámide de Maslow según el lugar que ocupan:

   a. Autorrealización
   b. Fisiología
   c. Afiliación
   d. Seguridad
   e. Reconocimiento

4. Indica si las siguientes afirmaciones son verdaderas o falsas:

a. La venta a industriales engloba operaciones en las que, por norma general, tienen alto valor monetario.

- ■ **Verdadero**
- ■ Falso

b. En la venta detallista no se suele prestar especial atención a la presentación de los productos.

- ■ Verdadero
- ■ **Falso**

5. Para calcular el ratio del valor medio del pedido...

a. ... se divide el número de pedidos entre un periodo determinado.

b. ... se dividen las ventas entre el número de pedidos.

c. ... se dividen las ventas entre el número de días trabajados.

d. ... se divide el número de pedidos entre las ventas trimestrales.

6. ¿Cuáles de los siguientes elementos suelen componer la remuneración del vendedor?

  a. Bonos
  b. Comisión
  c. Plus de pantalla
  d. Sueldo fijo

7. Ordena las etapas a las que está ligada la actividad del vendedor.

  a. Programación y organización
  b. Control
  c. Planificación

  Solución

  c. Planificación
  a. Programación y organización
  b. Control

8. ¿Cuáles de los siguientes aspectos se deben contemplar en una ruta?

  a. Vías de comunicación
  b. Lugares para descansar
  c. Tiempos aproximados
  d. Nombres y direcciones

9. Cuando se habla de los indicadores de funcionamiento de la cartera de clientes, los egresos son:

  a. Clientes que por causas ajenas o no al centro pierden el contacto.
  b. Clientes que realizan al menos una transacción por año.
  c. Los clientes dados de alta en el sistema.
  d. Clientes que salen del sistema.

10. Determina si las siguientes afirmaciones son verdaderas o falsas:

a. El trazado de rutas es lo que va a permitir al vendedor cubrir el territorio que se le ha asignado, economizando al máximo su tiempo; estas suelen trazarse por trimestres.

- ■ Verdadero
- ■ **Falso**

b. La planificación de ventas concede al vendedor la oportunidad de determinar su situación dentro de la empresa, ahorrándole tiempo y ayudándole a lograr resultados óptimos, así como canalizar su esfuerzo de manera acertada.

- ■ **Verdadero**
- ■ Falso

Ejercicios de autoevaluación
Unidad de Aprendizaje 3

1. **Determina cuáles son los aspectos más importantes a tener en cuenta en la elaboración de un folleto publicitario.**

   a. Utilizar siempre el mismo tipo y tamaño de letra.
   b. **Realizar argumentaciones completas.**
   c. **Incluir un importante número de fotografías de los productos.**
   d. **Realizar un recorrido lógico por los diversos productos y argumentaciones.**

2. **Indica si las siguientes afirmaciones son verdaderas o falsas:**

   a. Un díptico comercial es un impreso formado por una lámina de papel o cartulina que se dobla en dos partes.

      ▪ **Verdadero**
      ▪ Falso

   b. El catálogo es una publicación empresarial, cuyo fin es la promoción de los productos o servicios que una compañía ofrece.

      ▪ **Verdadero**
      ▪ Falso

3. **Relaciona los tipos de cheque con sus características:**

   a. Conformado
   b. Cruzado
   c. Nominativo
   d. Al portador

   <u>c.</u> Emitido a favor de una persona determinada, donde se identifica a la misma con su nombre y apellidos.
   <u>d.</u> En el que no se designa persona alguna, por lo que cualquiera podrá proceder a su cobro.

a. El banco garantiza la autenticidad de la firma del librador y la existencia de fondos en la cuantía indicada en el cheque.

b. Con este sistema, el cheque solo puede ser abonado mediante ingreso en la cuenta del beneficiario.

4. En una letra de cambio, la persona acreedora de la deuda, quien emite la letra de cambio para que el deudor la acepte y se haga cargo del pago del importe de la misma se denomina...

    a. ... librador.
    b. ... librado.
    c. ... tenedor.
    d. ... beneficiario.

5. Indica si las siguientes afirmaciones son verdaderas o falsas:

    a. El pagaré es un documento escrito mediante el cual una persona se compromete a pagar a otra una determinada cantidad de dinero en una fecha previamente acordada.

        ■ **Verdadero**
        ■ Falso

    b. El pagaré se define como un documento mercantil por el que una persona (librador) ordena a otra (librado) el pago de una cantidad de dinero en una fecha determinada o de vencimiento.

        ■ Verdadero
        ■ **Falso**

6. Ordena las fases de un proceso administrativo de venta:

    4. Cobro de la factura
    5. Contabilizar el cobro
    1. Recepción del pedido
    3. Elaboración de la factura
    2. Envío de la mercancía

7. **El comprobante de pago que se emite en operaciones en las que el receptor es un consumidor o cliente final se denomina...**

   a. ... factura completa.
   b. ... factura proforma.
   c. ... factura nominativa.
   d. ... factura simplificada.

8. **¿Cuál de las siguientes opciones define el descuento comercial?**

   a. Es el que se hace en función del volumen de compras realizado, es decir, si se supera un determinado número de unidades compradas, se aplica. Se calcula sobre el importe bruto.
   b. Es la reducción del valor del bien debido a promociones, ofertas o simplemente para abaratarlo. Se calcula sobre el importe neto.
   c. Es el que se hace en función del volumen de compras realizado, es decir, si se supera un determinado número de unidades compradas, se aplica. Se calcula sobre el importe neto.
   d. Es la reducción del valor del bien debido a promociones, ofertas o simplemente para abaratarlo. Se calcula sobre el importe bruto total.

9. **Relaciona cada tipo de archivo con sus características:**

   a. Activo
   b. Semiactivo
   c. Inactivo

   b. Está formado por la documentación e información de baja actualidad y consulta poco frecuente.
   a. Es aquel que contiene los documentos de consulta diaria.
   c. Es el que conserva de forma definitiva los documentos e informaciones, cuya consulta es casi nula.

10. Indica si las siguientes afirmaciones son verdaderas o falsas:

a. Con el uso de aplicaciones informáticas, las empresas invierten más tiempo en la elaboración de la documentación comercial, aunque ahorran tiempo en la búsqueda de los documentos.

- Verdadero
- **Falso**

b. Los *softwares* de presentaciones permiten incluir en las diapositivas tablas, gráficos y texto, estando aún limitados para la inclusión de fragmentos de audio.

- Verdadero
- **Falso**

Ejercicios de autoevaluación
Unidad de Aprendizaje 4

1. ¿Cuáles de los siguientes factores comerciales influyen en la fluc-
tuación casi constante de los precios?

   a. El tiempo
   b. El grupo poblacional
   c. La zona geográfica
   d. El *hinterland*

2. Indica si las siguientes afirmaciones son verdaderas o falsas:

   a. Según la Ley de Competencia Desleal, los precios de los
   productos pueden pactarse entre las empresas fabricantes o
   comercializadoras para no disputar una "guerra de precios"
   en el mercado.

   - Verdadero
   - **Falso**

   b. Los precios de venta de los bienes y servicios se fijan libre-
   mente por cada empresario o profesional.

   - **Verdadero**
   - Falso

3. Indica si las siguientes afirmaciones son verdaderas o falsas:

   a. Los costes variables son aquellos costes cuyo importe per-
   manece constante, independiente del nivel de actividad de
   la empresa.

   - Verdadero
   - **Falso**

b. Los costes fijos son aquellos que cambian de forma proporcional en función del nivel de producción de la empresa.

- ■ Verdadero
- ■ **Falso**

4. Determina cuáles de los siguientes elementos pueden condicionar la cuantía de los costes de las visitas.

a. **Zonas de ventas muy alejadas**
b. **Zonas de ventas muy caras**
c. **Clientes importantes que requieren elevados gastos de representación**
d. **Viajes al extranjero**

5. Relaciona cada herramienta de promoción comercial con sus características:

a. Cupones
b. Descuentos
c. Bonificaciones
d. Muestras gratuitas

c. Son artículos que se ofrecen gratuitamente o a costo muy bajo como incentivo para comprar un producto.
a. Son certificados que otorgan a los compradores un ahorro cuando compran los productos especificados.
b. Son una reducción, por lo general momentánea, al precio regular del producto.
d. Son ofrecimientos de una cantidad pequeña de un producto para probarlo.

6. Las actividades que le dan a los vendedores del intermediario la oportunidad de ganar algo por recomendar el producto que se está promocionando se denominan...

a. ... bonificaciones.
b. **... concursos para vendedores.**
c. ... descuentos comerciales.
d. ... especialidades publicitarias.

7. **¿Cuáles son los tipos impositivos de IVA vigentes en la actualidad?**

   a. 4 %
   b. 8 %
   c. 18 %
   d. 21 %

8. **Señala si las siguientes afirmaciones son verdaderas o falsas:**

   a. Los obligados a declarar el IVA son los profesionales y empresarios que entreguen bienes o presten servicios sujetos al pago de este impuesto.

   - ■ **Verdadero**
   - ■ Falso

   b. El recargo de equivalencia es uno de los regímenes especiales del IVA al que puede acogerse cualquier empresario.

   - ■ Verdadero
   - ■ **Falso**

9. **La cuantía en que se incrementa el precio de coste para obtener el precio de venta se denomina...**

   a. ... margen comercial.
   b. ... coste variable unitario.
   c. ... margen neto.
   d. ... PVP.

10. **Identifica cuáles de los siguientes elementos componen una caja registradora:**

    a. Impresora de *tickets*
    b. Visor operador
    c. Unidad central
    d. Datáfono

Actividades Organización de los procesos de venta

Actividad 1

Varios comercios del centro de Madrid incumplen las leyes que regulan la actividad comercial; sin embargo, muchos de los consumidores que adquieren productos en estos establecimientos todavía continúan sin conocer sus derechos como tales, exigiendo el cumplimiento de leyes u obligaciones que no existen o que tan solo se aplican en determinados casos. En base a esto, determine en cuáles de los siguientes casos los comercios referidos tienen la obligación de devolver el dinero o cambiar el producto:

a. El producto presenta unas características que difieren de las descritas en la publicidad del mismo.
b. **Se han encontrado ciertos defectos en el producto.**
c. **El producto presenta alguna anomalía (funcionamiento, etc.).**
d. Un establecimiento está obligado a devolver cualquier tipo de producto sin tener en cuenta su estado ni sus características.

SOLUCIÓN

En ningún caso un establecimiento tiene la obligación de devolver el importe de un artículo o producto sin tener en cuenta su estado ni sus características; sin embargo, sí que está obligado a hacerlo cuando se hayan encontrado ciertos defectos en el producto o esté presente alguna anomalía..

Actividad 2

El director comercial y uno de los gerentes de zona de "Construcciones del Sur" están llevando a cabo una reorganización de las pautas de sus vendedores, con objeto de que las visitas a los clientes se hagan de acuerdo a la importancia de cada uno. Los clientes de la compañía son en su mayoría empresas de reformas y de materiales de construcción. Estos cambios vienen provocados por el hecho de que uno de los gerentes ha detectado tres tipologías de clientes en la zona en base a su importancia y volumen de facturación.

Cliente	A	B	C
Facturación	50 %	20 %	10 %
N.º Clientes	10	15	20

Tanto el director comercial como el gerente de zona no saben qué hacer con los clientes B, pues no se les puede visitar con la misma frecuencia que a los A, pero tampoco se les puede tratar como a los clientes C. Sabiendo todo esto, ¿de cuántos días dispondrían los vendedores para visitar a los clientes B y C, teniendo en cuenta que la visita a los A dura un día completo y hay que verles todos los meses?

    a. 3 días laborables.
    b. 15 días laborables.
    c. 10 días laborables.
    d. 8 días laborables.

SOLUCIÓN

Si atendemos, por un lado, al trato que deben recibir los clientes de la tipología C y, por otro lado, al índice de frecuencia de visitas que precisan los clientes de la tipología A. Los vendedores de esta empresa necesitarán al menos 10 días laborables para visitar a los clientes de los grupos B y C.

Actividad 3

Rafael Domínguez, recién graduado en Administración y Dirección de Empresas, ha comenzado a trabajar como auxiliar de ventanilla en una sucursal bancaria de Barcelona. Su entrega y profesionalidad están fuera de toda duda; además, aprovechando la tranquilidad impropia de la mañana, ha accedido a recibir a uno de los comerciales de una empresa de menaje y equipos de cocina. Veinte minutos más tarde el comercial ha salido por la puerta del banco con el cierre de una venta valorada en más de 850 €. Lo curioso es que el señor Domínguez ha abonado dicha cuantía en el acto.

En función de esto, determine cuál de los documentos que aparecen a continuación ha debido redactar el comercial para reflejar el pago por adelantado de la venta.

    a. Albarán
    b. Nota de pedido
    c. Factura
    d. Cheque cruzado
    e. Orden de compra

SOLUCIÓN

Aunque no es lo habitual hay ocasiones en las que el cliente realiza el pago de la mercancía por adelantado; en estos casos el vendedor está obligado a prepararle la factura correspondiente al pago de la misma.

Actividad 4

Isabel Marín, administradora de una pequeña empresa dedicada al sector textil, ha encargado a una de sus trabajadoras la gestión de una serie de documentos relacionados con la compraventa de sus mercancías correspondientes al pasado año.

Ayude a esta trabajadora a clasificar dichos documentos en base al proceso en el que hayan sido generados.

SOLUCIÓN

Solicitud de la mercancía:

a. Proceso de compra.
b. Proceso de venta.

Pago del importe de la factura:

a. Proceso de compra.
b. Proceso de venta.

Recepción del pedido por parte del cliente:

a. Proceso de compra.
b. Proceso de venta.

Elaboración y cobro de la factura:

a. Proceso de compra.
b. Proceso de venta.

Contabilización del pago:

a. Proceso de compra.
b. Proceso de venta.

Técnicas de venta

Ejercicios de autoevaluación
Unidad de Aprendizaje 1

1. De los siguientes tipos de venta, identifica cuál de ellos no corresponde a la venta presencial:

    a. Venta en ferias promocionales
    b. *Vending*
    c. Venta a domicilio
    d. Venta ambulante

2. El sistema de ventas por medio de máquinas autoexpendedoras se denomina:

    a. *Telemarketing*
    b. *Factoring*
    c. *Confirming*
    d. *Vending*

3. Indica si las siguientes afirmaciones son verdaderas o falsas.

    a. Un supermercado es un establecimiento en régimen de libre servicio con una dimensión entre 60 y 300 m^2.

        ■ Verdadero
        ■ **Falso**

    b. Un hipermercado es un establecimiento que se caracteriza por permanecer abierto al menos 18 h al día.

        ■ Verdadero
        ■ **Falso**

4. Ordena las fases del proceso de ventas:

3. Inicio de la entrevista
4. Desarrollo de la entrevista
5. Cierre de la venta
1. Identificación de posibles clientes
2. Concertación de la entrevista de ventas

5. La técnica de cierre de ventas consistente en enumerar las ventajas e inconvenientes del producto, haciendo énfasis en las ventajas, se denomina:

a. La acción
b. Los detalles
c. El cierre alternativo
d. La balanza

6. Según la pirámide de Maslow, ¿cómo se denomina a las necesidades de afecto y pertenencia a un grupo?

a. Necesidades de seguridad
b. Necesidades de reconocimiento
c. Necesidades sociales
d. Necesidades de autorrealización

7. El grupo de influencia formado por los amigos y compañeros de trabajo se denomina:

a. Grupo de influencia directa
b. Grupo de influencia indirecta
c. Familia
d. Grupo de aspiración

8. En la matriz *Boston Consulting Group,* los productos que generan mucha liquidez pero tienen un bajo crecimiento en el mercado son:

a. Los productos estrella
b. Los productos vaca lechera
c. Los productos interrogante
d. Los productos perro

9. Indica si las siguientes afirmaciones son verdaderas o falsas:

a. Según el ciclo de vida del producto, en la fase de crecimiento el precio comienza a subir.

■ Verdadero
■ **Falso**

b. La fase más larga del ciclo de vida del producto se denomina fase de madurez.

■ **Verdadero**
■ Falso

10. Relaciona las formas de presentación de los productos con sus características:

a. Envasado
b. Empaquetado
c. Embalaje

b. Incluye las actividades de diseñar y producir el recipiente para la envoltura de un producto.
a. Es el procedimiento por el cual una mercancía se envasa para su transporte o venta.
c. Son todos los materiales, procedimientos y métodos que sirven para acondicionar, presentar, manipular, almacenar, conservar y transportar una mercancía.

Ejercicios de autoevaluación
Unidad de Aprendizaje 2

1. Identifica cuál de las siguientes características son propias de un servicio.

    a. Son tangibles.
    b. Generalmente son ofertas estándar.
    c. Son difíciles de personalizar.
    d. Suelen ser heterogéneos y variables.

2. Indica si las siguientes afirmaciones son verdaderas o falsas.

    a. En la presentación a pocos interlocutores se suelen realizar más consultas que en las presentaciones a muchos interlocutores.

        ■ Verdadero
        ■ **Falso**

    b. En la presentación a muchos interlocutores hay mayor posibilidad de compra y difusión que en la presentación a pocos interlocutores.

        ■ **Verdadero**
        ■ Falso

3. Determina cuál de los siguientes criterios debe considerarse en las presentaciones.

    a. Como mínimo durarán diez minutos.
    b. Deben lanzarse mensajes complejos.
    c. Cada aspecto de la presentación debe prepararse concienzudamente.
    d. Cuantos más gráficos se utilicen más visual será la presentación.

4. **La argumentación que se centra en los servicios, la asistencia y la utilidad de los productos ofrecidos se denomina:**

   a. Argumentación técnica.
   b. Argumentación comercial.
   c. Argumentación física.
   d. Argumentación publicitaria.

5. **Relaciona los siguientes argumentos con sus características:**

   a. Argumentos de compra.
   b. Argumentos de competencia.
   c. Argumento de inferioridad.
   d. Argumentos de superioridad.

   c. Ponen de manifiesto la superioridad del cliente.
   a. El cliente realiza una oferta.
   b. Busca diferenciar el producto.
   d. Ponen de manifiesto el prestigio de la empresa.

6. **Indica si las siguientes afirmaciones son verdaderas o falsas.**

   a. La paráfrasis consiste en repetir la objeción para que parezca hipócrita o poco razonable y así tratar de suavizarla.

      ■ **Verdadero**
      ■ Falso

   b. Las preguntas como reacción a las objeciones obligan a justificar las objeciones.

      ■ **Verdadero**
      ■ Falso

7. Las que se realizan una vez que se ha cerrado la venta del producto principal, consistentes en productos gancho o de compra por impulso que completan o añaden valor al producto principal se denominan...

    a. ... venta complementaria.
    b. ... venta sustitutiva.
    c. ... venta adicional.
    d. ... venta al por mayor.

8. La capacidad de reconocer nuestros propios sentimientos y los sentimientos de los demás, y la capacidad de motivar y manejar las relaciones que mantenemos con nosotros mismos y los demás se denomina...

    a. ... inteligencia emocional.
    b. ... empatía.
    c. ... asertividad.
    d. ... persuasión.

9. Indica si las siguientes afirmaciones son verdaderas o falsas.

    a. La técnica asertiva consistente en repetir de forma continua el punto de vista del vendedor se denomina técnica del disco rayado.

      ■ **Verdadero**
      ■ Falso

    b. La técnica asertiva consistente en crear dudas y poner al cliente en situación de desconcierto se denomina aserción negativa.

      ■ Verdadero
      ■ **Falso**

10. Relaciona cada gesto de comportamiento no verbal con su significado:

      a. Entrelazar los dedos.
      b. Mirar hacia abajo.
      c. Brazos cruzados.
      d. Golpear ligeramente los dedos.

      a. Autoridad.
      d. Impaciencia.
      b. No creer en lo que se escucha.
      c. Actitud defensiva.

Ejercicios de autoevaluación
Unidad de Aprendizaje 3

1. Indica si las siguientes afirmaciones son verdaderas o falsas.

   a. La fidelización de los clientes requiere un proceso que parte de un profundo conocimiento de los mismos.

   - **Verdadero**
   - Falso

   b. La empresa debe enfocar sus esfuerzos en retener a todos los tipos de clientes.

   - Verdadero
   - **Falso**

2. De las razones que influyen en la fidelización, el precio...

   a. ... es el valor que se emplea para seleccionar ofertas.
   b. ... no es la razón fundamental para la fidelización, aunque juega un papel fundamental.
   c. ... es la comodidad de un cliente a permanecer fiel a un producto.
   d. ... es la calidad que percibe el consumidor.

3. Ordena las etapas por las que pasa un cliente desde que no conoce la empresa hasta que se convierte en prescriptor.

   6. Cliente exclusivo.
   2. Cliente potencial.
   3. Comprador.
   5. Cliente habitual.
   1. Cliente posible.
   4. Cliente eventual.
   7. Prescriptor.

4. Relaciona cada servicio posventa con sus características.

a. Psicológico.
b. De seguridad.
c. Promocional.
d. De mantenimiento.

c. Relacionado con la promoción de ventas.
b. Lleva aparejado el servicio técnico.
d. Dan protección por la compra del producto.
a. Ligados a la motivación del cliente.

5. Ordena las fases del servicio posventa.

1. Detección de una necesidad.
3. Aplicación de la solución.
4. Seguimiento del proceso.
2. Tratamiento de la necesidad.

6. En las promociones, los elementos que aumentan el valor de lo que se promociona se denominan:

a. **Regalos**
b. Tarjetas de puntos
c. Cupones
d. Muestras gratuitas

7. ¿Cuál de los siguientes elementos se considera un inconveniente de la externalización de las relaciones con los clientes?

a. Menor flexibilidad metodológica.
b. Realización de inversiones concretas para objetivos concretos.
c. **Menor control en la gestión de resultados.**
d. Menor especialización.

8. Indica si las siguientes afirmaciones son verdaderas o falsas.

a. Uno de los objetivos básicos del CRM es la retención de clientes por el mayor tiempo posible y lograr con ellos el mayor volumen de negocios.

- **Verdadero**
- Falso

b. El CRM es una herramienta muy eficaz para medir la calidad de los productos o servicios que ofrece la empresa.

- **Verdadero**
- Falso

9. Los clientes que compran habitualmente y conocen los beneficios de comprar en un establecimiento se denominan:

a. Clientes maduros
b. Clientes adolescentes
c. Clientes veteranos
d. Niños

Ejercicios de autoevaluación
Unidad de Aprendizaje 4

1. Indica si las siguientes afirmaciones son verdaderas o falsas.

a. Para que una queja o reclamación sea válida, las partes en conflicto deben tener carácter de empresario y consumidor.

- ■ **Verdadero**
- ■ Falso

b. Para que una queja o reclamación sea válida, el conflicto debe derivar de una relación de consumo.

- ■ **Verdadero**
- ■ Falso

2. ¿Cuál de los siguientes organismos no se considera una vía de reclamación?

a. OCIM
b. Reclamación escrita
c. Tribunales
d. Servicios de consumo autonómicos

3. Señala la opción es correcta.

a. La ausencia de quejas implica siempre una elevada satisfacción del cliente.
b. Las quejas de los clientes son un indicador habitual de una baja satisfacción del cliente.
c. Las quejas siempre son perjudiciales para la empresa.
d. La mediación siempre soluciona las reclamaciones.

4. ¿Cuál de las siguientes no se considera una función de la Oficina Municipal de Información al Consumidor?

   a. Proporcionar asesoramiento sobre la reclamación.
   b. Informa sobre los derechos del consumidor.
   c. Media entre el consumidor y la empresa para la resolución de reclamaciones.
   d. Remisión de quejas a los tribunales.

5. Indica si las siguientes afirmaciones son verdaderas o falsas.

   a. El plan de acción para la resolución de quejas y reclamaciones de los clientes es igual en todas las empresas.

   - ■ Verdadero
   - ■ **Falso**

   b. Los clientes a los que se les resuelven los problemas con prontitud y eficiencia tienden a ser más leales que los que nunca han tenido un problema con la empresa.

   - ■ **Verdadero**
   - ■ Falso

6. ¿Cuál es la organización que se encarga de la protección de los derechos de la empresa?

   a. Direcciones de consumo de las comunidades autónomas.
   b. Oficina Municipal de Información al Consumidor.
   c. Cámaras de comercio.
   d. Confederación de empresarios.

7. Las hojas de reclamaciones constan de un juego de impresos auto-copiativos; relacione cada impreso con su destinatario:

  a. Folio blanco
  b. Folio rosa
  c. Folio verde

  b. Ejemplar para el establecimiento o prestador del servicio.
  c. Ejemplar para el consumidor o usuario.
  a. Ejemplar para la Administración.

8. Una vez que el consumidor entrega una hoja de reclamaciones, la empresa debe contestar en un plazo de...

  a. ... 5 días hábiles.
  b. ... 10 días hábiles.
  c. ... 14 días hábiles.
  d. ... 14 días laborables.

9. Indica si las siguientes afirmaciones son verdaderas o falsas.

  a. El arbitraje es un proceso flexible en el que interviene un ter-cero, que puede ser cualquier persona.

    ■ Verdadero
    ■ **Falso**

  b. En la conciliación interviene un organismo de consumo que tratará, por un lado, de que las partes (reclamante y reclamado) lleguen a una solución amistosa y, por otro, de esclarecer los hechos que motivan la reclamación.

    ■ Verdadero
    ■ **Falso**

10. De los siguientes supuestos, identifica cuál se puede resolver mediante la junta arbitral.

    a. Cuestiones en las que deba intervenir el Ministerio fiscal.

    b. Reclamaciones por un importe superior a 10.000 €.

    c. Cuando concurra intoxicación, lesión, muerte o existan indicios racionales de delito.

    d. Aquellas en las que las partes no tengan poder de disposición.

Actividades
Técnicas de venta

Actividad 1

A continuación, se presentan una serie de situaciones comerciales, ¿en cuáles de ellas sería necesario incluir un sistema de seguimiento y servicio posventa?

a. Contratación de un seguro de automóvil.
b. Compra de un lápiz en una papelería.
c. Adquisición de un vehículo mediante *renting*.
d. Compra de un vehículo de ocasión a un particular.

SOLUCIÓN

Tanto la adquisición de un vehículo mediante *renting* como la contratación de un seguro de automóvil necesitan de un soporte posterior a la venta, para posibles consultas que puedan tener los clientes.

Por otro lado, las respuestas incorrectas hacen referencia a actuaciones en las que por su valor monetario, facilidad de uso o responsabilidad del vendedor, no es necesario realizar un servicio posventa.

Solucionario 10
Gestión de la prevención de riesgos laborales en pequeños negocios

Solucionario Capítulo 1

1. Relacione los siguientes hechos con su tipo de riesgo correspondiente.

    a. Exposición a contaminantes biológicos.
    b. Inadecuado manejo de las cargas.
    c. Falta de autonomía.
    d. Pisada sobre objetos.

    a. Riesgo de enfermedad profesional.
    b. Riesgo de fatiga física.
    c. Riesgo de insatisfacción laboral.
    d. Riesgo de accidente.

2. ¿Cuáles son los cuatro grupos de daños derivados del trabajo?

    Accidente de trabajo.
    Enfermedades profesionales.
    Enfermedades relacionadas con el trabajo.
    Otros daños para la salud originados por unas deficientes condiciones laborales.

3. Si un suceso, por muy peligroso que sea, no produce lesión, se considerará...

    a. ... incidente.
    b. ... incidente peligroso.
    c. ... accidente.
    d. ... accidente sin lesión.

4. Relacione cada uno de los siguientes hechos con sus correspondientes causas, las cuales son orígenes de accidentes.

    a. Malos hábitos.
    b. Deficiencias de las instalaciones.
    c. Protecciones inadecuadas en máquinas.
    d. Comportamientos inadecuados.

a y d. Causas humanas.

b y c. Causas materiales o técnicas.

5. **Ordene los pasos que hay que seguir en la investigación de un accidente a través del árbol de causas.**

   ▌ Ordenar los hechos que han ocasionado el accidente partiendo de la lesión.

   ▌ Preguntarse qué ha sido necesario para que ocurra dicha lesión.

   ▌ Preguntarse si ha sido necesario algún hecho más para que se produzca.

6. **¿Qué características son propias de la enfermedad profesional? Señale la/s respuesta/s correcta/s.**

   a. Es fácil establecer una relación causa-efecto entre la enfermedad y el trabajo que realiza o ha realizado el individuo.

   b. Es contraída a consecuencia del trabajo realizado por cuenta propia.

   c. **Es contraída a consecuencia del trabajo realizado por cuenta ajena.**

   d. **Normalmente aparece tras un determinado período durante el cual el trabajador ha estado expuesto a agentes contaminantes.**

7. **¿Cómo suele estipularse el valor límite de exposición a un contaminante?**

   Respecto a una jornada laboral normal y teniendo en cuenta un período medio de vida laboral activa.

8. Encuentre en la sopa de letras tres agentes cuya presencia en el ambiente de trabajo puede resultar nociva para la salud de los trabajadores.

A	C	Z	J	H	T	B	C
H	F	K	O	N	R	I	B
J	B	U	Q	U	E	A	I
Q	H	Y	R	L	N	W	O
Q	U	A	Y	F	J	C	L
O	I	I	H	I	O	X	O
N	P	A	M	S	Ñ	U	G
W	E	R	C	I	A	M	I
X	B	R	V	C	C	M	C
S	O	A	J	O	L	O	O
Z	D	K	A	S	P	M	S

9. ¿Cuál de las siguientes características no es propia de la formación de los trabajadores?

    a. Puede impartirla la propia empresa si posee los medios necesarios.
    b. **El coste de la misma recaerá sobre los trabajadores.**
    c. Debe impartirse dentro de la jornada laboral.
    d. Estará centrada en el puesto de trabajo.

10. Cite las cinco reglas de oro a seguir consideradas como medidas preventivas básicas al trabajar con electricidad.

    Cortar todas las fuentes en tensión, bloquear los aparatos de corte, verificar la ausencia de tensión, poner a tierra y en cortocircuito todas las posibles fuentes de tensión y delimitar y señalizar la zona de trabajo.

11. ¿Qué efectos puede generar el ruido en los trabajadores? Señale la/s respuesta/s correcta/s.

   a. **Trastornos psicológicos.**
   b. Aumento de la actividad cerebral.
   c. Deceleración del ritmo respiratorio.
   d. **Aumento de ritmo cardiaco.**

12. ¿Qué tipo de iluminación se utiliza para disponer de un mayor nivel de iluminación en aquellos puestos de trabajo que lo requieran?

   a. Iluminación general.
   b. **Iluminación localizada.**
   c. Todas las opciones son incorrectas.

13. ¿Cómo es una señal de salvamento o socorro?

   a. Negra sobre fondo amarillo.
   b. Blanca sobre fondo azul.
   c. Blanca sobre fondo rojo.
   d. **Blanca sobre fondo verde.**

14. Si tras el análisis de un riesgo se observa que este es extremadamente dañino y la probabilidad de que ocurra es alta, se estará ante un...

   a. ... riesgo trivial.
   b. ... riesgo moderado.
   c. ... riesgo importante.
   d. **... riesgo intolerable.**

15. Cite los métodos de control para controlar los riesgos en su origen.

   Proceso de selección de equipos y diseños adecuados, sustitución de todas aquellas máquinas, herramientas, productos peligrosos, etc., por otros que entrañen menos peligro, aislamiento del proceso, métodos húmedos y extracción localizada.

Solucionario Capítulo 2

1. Para una buena gestión de la prevención...

    a. ... esta debe ser llevada a cabo íntegramente por el empresario.
    b. ... los trabajadores se encargarán de retirar los dispositivos de seguridad cuando lo crean oportuno.
    c. ... esta debe integrarse en el sistema general de gestión de la empresa.
    d. ... los Delegados de Prevención serán los encargados de dotar a los puestos de trabajo de las medidas de seguridad oportunas.

2. ¿Qué modalidades de prevención puede utilizar el empresario si decide gestionar e implantar la prevención en su empresa con instrumentos, medios y recursos propios? Señale la/s respuesta/s correcta/s.

    a. Asumiendo personalmente la prevención (él como encargado).
    b. Designando a uno o varios de sus trabajadores para que se encarguen de la prevención.
    c. Constituyendo un servicio de prevención intermedio.
    d. Constituyendo un servicio de prevención propio.

3. Uno de los requisitos para que el empresario o uno o varios de sus trabajadores lleven a cabo la prevención de su único centro de trabajo es que no supere los...

    a. ... 25 trabajadores.
    b. ... 30 trabajadores.
    c. ... 35 trabajadores.
    d. ... 40 trabajadores.

4. Encuentre en la sopa de letras los tres niveles de formación, según el artículo 34 del R. D. 39/1997, para adquirir las capacidades y aptitudes necesarias que permitan asumir la prevención de la empresa en relación a los riesgos y desarrollo de la actividad preventiva:

S	C	Z	J	H	T	B	C
I	U	K	O	N	R	B	B
N	B	P	Q	U	E	A	I
T	H	Y	E	L	N	S	G
E	U	A	Y	R	J	I	L
R	I	I	H	E	I	C	O
M	P	A	X	S	Ñ	O	P
E	E	R	C	I	A	M	R
D	B	R	V	C	C	M	C
I	O	A	J	Z	L	Ñ	J
O	D	K	A	G	P	M	S

5. ¿Cuáles de las siguientes actividades no aparecen en el Anexo I del R. D. 39/1997?

   a. Trabajos que requieren la inmersión bajo el agua.
   b. **Venta de pescado al por mayor.**
   c. **Manejo de cargas pesadas.**
   d. Producción de gases licuados.

6. En pequeños negocios y microempresas habrá...

   a. ... **un Delegado de Prevención que coincidirá con el Delegado de Personal.**
   b. ... dos Delegados de Prevención.
   c. ... tres Delegados de Prevención.
   d. Todas las opciones son incorrectas.

7. **¿A quién podrán acompañar los Delegados de Prevención durante sus visitas?**

A los técnicos en las evaluaciones preventivas del medio ambiente de trabajo y a los Inspectores de Trabajo y Seguridad Social en las visitas y verificaciones para el cumplimiento de la normativa sobre prevención de riesgos laborales.

8. **¿Qué hechos hay que tener en cuenta a la hora de establecer las prioridades para llevar a cabo las actividades preventivas? Señale la/s respuesta/s correcta/s.**

    a. El número de Delegados de Prevención de la empresa.
    b. La magnitud de los riesgos.
    c. La constitución de un Comité de Seguridad y Salud en la empresa.
    d. El número de trabajadores expuestos a los riesgos.

9. **Relacione cada una de las siguientes funciones con su puesto de trabajo.**

    a. Detectar posibles riesgos y/o deficiencias en su área de trabajo.
    b. Establecer los principios y objetivos de la prevención.
    c. Vigilar aquellas situaciones peligrosas que puedan surgir por la realización de nuevas tareas.
    d. Establecer la estructura organizativa para llevar a cabo la actividad preventiva.

    b y d. Directivos.
    a y c. Mandos intermedios.

10. **Señale la respuesta correcta para rellenar el siguiente texto.**

Según el punto 1 del artículo 29 de la Ley 31/1995 de Prevención de Riesgos Laborales corresponde a _____ velar, según sus posibilidades y mediante el cumplimiento de las medidas de prevención que en cada caso sean adoptadas, por su propia seguridad y salud en el trabajo y por la de aquellas otras personas a las que pueda afectar su actividad profesional a causa de sus actos y omisiones en el trabajo, de conformidad con su formación y las instrucciones del empresario.

    a. los empresarios
    b. cada uno de los jefes de zona
    c. cada trabajador
    d. los gerentes

11. Según el punto 2 del artículo 29 de la Ley 31/1995 de Prevención de Riesgos Laborales, ¿a quién debe el trabajador informar sobre cualquier riesgo?

Su superior jerárquico directo, a los trabajadores designados para realizar actividades de protección y de prevención o, en su caso, al servicio de prevención.

12. Siempre que se quiera poner en marcha la prevención en una empresa, incluyéndola en el sistema general de la misma, hay que...

    a. ... lograr que la dirección de la empresa se comprometa.
    b. ... asignar los recursos humanos necesarios.
    c. ... conseguir los recursos materiales necesarios.
    d. Todas las opciones son correctas.

13. ¿Qué norma trata el sistema de gestión de prevención de riesgos laborales?

    a. ISO 31000
    b. ISO 2800
    c. ISO 45001
    d. ISO 22320

14. La evaluación de riesgos se actualizará...

    a. ... semestralmente.
    b. ... anualmente.
    c. ... bianualmente.
    d. ... si cambian las condiciones de trabajo.

15. Señale la/s respuesta/s correcta/s. En los documentos relativos a la prevención figurarán datos como...

    a. ... el capital social de la empresa.
    b. ... la fecha en la que han sido impresos.
    c. ... su autor.
    d. ... la fecha de realización.

Solucionario Capítulo 3

1. Según el Anexo II del R. D. 486/1997, ¿qué zonas de una empresa deben permanecer libre de obstáculos? Señale la/s respuesta/s correcta/s.

    a. Las zonas de paso.
    b. La sala de ordenadores.
    c. Las salidas de evacuación.
    d. La sala de reuniones.

2. Rellene el espacio con la respuesta correcta.

Según el Anexo II del R. D. 486/1997, **los lugares de trabajo, incluidos los locales de servicio, y sus respectivos equipos e instalaciones** se limpiarán periódicamente y siempre que sea necesario para mantenerlos en todo momento en condiciones higiénicas adecuadas.

3. Ante la presencia de líquidos en el suelo hay que...

    a. ... controlar aquellas partes de las máquinas que puedan generar el derrame de aceite o grasa.
    b. ... limpiar las manchas de aceite y grasa pero nunca enarenar la zona afectada.
    c. ... usar un recipiente de caucho para la recogida de aceite o grasa.
    d. ... esperar a que se seque el aceite derramado aunque la grasa hay que recogerla rápidamente.

4. ¿Cuál de las siguientes notas técnicas de prevención es la relativa al orden y limpieza de las instalaciones?

    a. NTP 464.
    b. NTP 481.
    c. NTP 490.
    d. NTP 498.

5. ¿Cuáles de las siguientes son etapas para mantener una empresa limpia y en orden según la nota técnica correspondiente al orden y limpieza de las instalaciones? Señale la/s respuesta/s correcta/s.

   a. Clasificar las herramientas innecesarias.
   b. Acondicionar los medios para guardar y localizar el material fácilmente.
   c. Evitar ensuciar y limpiar enseguida.
   d. Crear y consolidar hábitos de trabajo encaminados a favorecer el orden y la limpieza.

6. Encuentre en la sopa de letras tres tipos de señales en forma de panel:

S	Z	J	H	A	T	B	C
H	K	O	N	D	R	N	O
N	K	Q	U	V	E	A	B
T	Y	E	L	E	N	S	L
S	O	C	O	R	R	O	I
R	I	H	E	T	I	C	G
M	A	X	S	E	Ñ	A	A
O	R	C	I	N	A	M	C
D	R	V	C	C	C	M	I
I	A	J	Z	I	L	Ñ	O
I	K	A	G	A	P	M	N

7. ¿Qué tipo de señales acústicas se utilizan para indicar un mayor grado de peligro?

   a. De un nivel sonoro medio-alto.
   b. De un nivel sonoro medio.
   c. Intermitentes.
   d. Continuas.

8. ¿Cómo deben ser los mensajes utilizados para la comunicación verbal entre trabajadores?

Cortos, simples y claros.

9. Señale la/s respuesta/s correcta/s. El mantenimiento de los útiles y equipos de trabajo incide en...

   a. ... la salud mental de los trabajadores.
   b. ... los costos de producción.
   c. ... la constitución de un Comité de Seguridad.
   d. ... la seguridad de los trabajadores.

10. Relacione cada tipo de rotura de las herramientas y equipos de trabajo con su característica:

   a. Rotura temprana.
   b. Rotura en tiempo normal.
   c. Rotura tardía.

   a. Debida a piezas defectuosas.
   b. Debida al vencimiento de las piezas.
   c. Debida al desgaste de las piezas.

11. ¿Cuál es el tipo de mantenimiento más barato que puede efectuarse a una herramienta o equipo?

   a. Mantenimiento correctivo.
   b. Mantenimiento preventivo.
   c. Mantenimiento predictivo.
   d. Mantenimiento superlativo.

12. Encuentre en la sopa elementos o sistemas para conseguir la ventilación natural en los locales de trabajo:

S	Z	J	H	E	T	B	C
H	K	O	N	D	R	N	O
P	K	Q	U	M	E	C	P
T	U	E	L	E	N	L	L
K	O	E	A	O	R	A	E
R	I	H	R	T	I	R	W
M	A	X	S	T	Ñ	A	A
O	R	C	I	X	A	B	S
D	R	V	C	C	C	O	A
I	A	J	Z	U	L	Y	O
V	E	N	T	A	N	A	N

13. Según el Anexo III del R. D. 486/1997, la humedad relativa de un local de trabajo estará comprendida entre...

   a. ... el 0 y el 40 %.
   b. ... el 10 y el 50 %.
   c. ... el 20 y el 60 %.
   d. **... el 30 y el 70 %.**

14. ¿Qué características debe poseer la formación de los trabajadores? Señale la/s respuesta/s correcta/s.

   a. **Adaptarse a la evolución de los riesgos.**
   b. **Centrarse en el puesto de trabajo.**
   c. Impartirse una vez al año.
   d. **Impartirse cada vez que se utilicen nuevos equipos.**

15. La formación de los trabajadores en prevención de riesgos laborales es:

    a. Barata.
    b. Cara.
    c. Voluntaria.
    d. Obligatoria.

Solucionario Capítulo 4

1. Según el artículo 20 de la Ley de Prevención de Riesgos Laborales, ¿qué hechos debe tener en cuenta el empresario a la hora de analizar las posibles situaciones de emergencia? Señale la/s respuesta/s correcta/s.

    a. **El tamaño de la empresa.**
    b. **La actividad de la empresa.**
    c. La ventilación de la empresa.
    d. **La presencia de personas ajenas a la empresa.**
    e. La entrega de Equipos de Protección Individual a los trabajadores.

2. ¿Cuál de las siguientes opciones no se considera un objetivo particular o específico del plan de emergencia?

    a. **Evaluar el riesgo más grave.**
    b. Identificar las distintas amenazas o situaciones de emergencia.
    c. Determinar la estructura jerárquica de actuación durante la emergencia.
    d. Analizar la vulnerabilidad de las instalaciones ante las posibles emergencias.

3. Encuentre en la sopa de letras las dos principales misiones de la brigada de emergencia:

S	Z	J	H	A	T	B	C
H	K	O	N	D	R	N	O
N	K	Q	U	C	E	A	W
P	Y	E	L	E	N	S	L
R	R	X	O	Q	R	O	I
O	I	E	E	T	I	C	T
T	A	X	V	M	Ñ	A	A
E	R	C	I	E	A	M	C
G	R	V	C	C	N	M	E
E	A	J	Z	U	L	I	O
R	K	A	G	A	P	M	R

4. Complete el siguiente enunciado con la opción correcta:

El **jefe de emergencia** es la máxima autoridad en caso de emergencia y coordinará todas las actuaciones, mientras que el **jefe de intervención** es el encargado de dirigir las operaciones de los equipos de intervención en el punto de emergencia.

5. Relacione cada tipo fuego con el material o producto que está ardiendo:

    a. Fuego de clase A.
    b. Fuego de clase B.
    c. Fuego de clase C.
    d. Fuego de clase D.
    e. Fuego de clase E.
    f. Fuego de clase F o K.

    c. Si arde un producto gaseoso.
    b. Si arde un producto líquido.

a. Si arde un material sólido.
f. Si se produce fuego a base de aceites vegetales o animales.
d. Si arde un material metálico.
e. Si se produce fuego con presencia eléctrica.

6. **¿En qué edificios de uso no industrial es obligatoria la instalación de bocas de incendio? Señale la/s respuesta/s correcta/s.**

   a. En edificios administrativos de más de 500 m².
   b. En trasteros de más de 200 m².
   c. **En hospitales.**
   d. **En garajes de más de 30 vehículos.**

7. **Teniendo en cuenta la NTP 458, ¿cuál de los siguientes elementos y/o productos no es obligatorio que se encuentre en un botiquín?**

   a. Tijeras.
   b. Esparadrapo.
   c. Guantes.
   d. **Alcohol.**

8. **Ordene, de mayor a menor, los distintos tipos de emergencia teniendo en cuenta el nivel de gravedad.**

   1. Emergencia general.
   2. Emergencia parcial.
   3. Conato de emergencia.

9. **¿Cuál es el teléfono del servicio de emergencias?**

   a. 062
   b. 091
   c. 092
   d. **112**

10. Señale la/s respuesta/s correcta/s. Entre las funciones del Equipo de Segunda Intervención destacan...

    a. ... tranquilizar a los heridos.
    b. ... controlar cualquier tipo de incendio mediante los medios oportunos (extintores, mangueras, etc.).
    c. ... apoyar a los servicios de ayuda externos.
    d. ... realizar la reanimación cardiorrespiratoria a todo afectado que lo necesite.

11. Encuentre en la sopa de letras los dos principales tipos de evacuación que suelen darse:

S	P	J	H	A	T	B	C
H	K	A	N	D	R	N	O
N	K	Q	R	C	E	A	W
W	Y	E	L	C	N	S	L
R	R	X	O	Q	I	O	I
O	I	E	E	T	I	A	T
X	A	X	T	M	Ñ	A	L
E	R	C	O	E	A	M	C
G	R	V	T	C	N	M	E
E	A	J	A	U	L	U	O
M	K	A	L	A	P	M	R

12. ¿Qué forma y color tienen las señales de salvamento y socorro?

Rectangular o cuadrada con el pictograma blanco sobre fondo verde.

13. ¿Qué información debe contener un plano de evacuación?

    a. Ubicación de los extintores.
    b. Esquema del sistema de ventilación.
    c. Localización de la oficina del jefe.
    d. Situación de los ascensores.

14. Cada uno de los siguientes elementos son propios de un tipo u otro de vía de escape. Relaciónelos.

    a. Rampa.
    b. Puerta.
    c. Pasillo.
    d. Escalera.

    a y d. Vía de escape vertical.
    b y c. Vía de escape horizontal.

15. Complete el siguiente enunciado.

La efectividad del simulacro de evacuación será real si no existe la **improvisación**.

Solucionario Capítulo 5

1. Según el artículo 40.2 de la Constitución Española de 1978, ¿por qué hechos velarán los poderes públicos? Señale la/s respuesta/s correcta/s.

    a. Por los adecuados periodos de descanso en el trabajo.
    b. Por el cumplimiento del horario en el trabajo.
    c. Por la seguridad en el trabajo.
    d. Por la higiene en el trabajo.

2. ¿Qué R. D. establece las disposiciones mínimas de seguridad y salud para la utilización por los trabajadores de los equipos de trabajo?

    a. 1215/1997.
    b. 1323/1999.
    c. 217/2001.
    d. 929/2003.

3. Relacione cada caso con la opción correcta:

    a. Autónomos sin trabajadores a su cargo.
    b. Autónomos sin trabajadores a su cargo pero que se ven afectados en el lugar de trabajo por la presencia de otros trabajadores.
    c. Autónomos con trabajadores a su cargo.

    a. No tienen que poseer un plan de prevención de riesgos laborales.
    b. Deben adaptarse a la normativa sobre coordinación de actividades.
    c. Necesitan implantar la prevención.

4. Complete el siguiente enunciado:

Una empresa con un único centro de trabajo no podrá "autogestionar" la prevención de su empresa si supera los **25** trabajadores y si alguna de sus actividades aparece en el **Anexo I** del R. D. 39/1997.

5. ¿A qué ministerio pertenece el Instituto Nacional de Seguridad y Salud en el Trabajo?

    a. Ministerio de Transporte, Movilidad y Agenda Urbana.
    b. Ministerio de Trabajo y Energía.
    c. Ministerio de Sanidad, Servicios Sociales e Igualdad.
    d. Ministerio de Trabajo y Economía Social.

6. ¿Qué institución u organismo debe asegurar que se respeten las condiciones de trabajo?

    a. Instituto Nacional de Seguridad y Salud en el Trabajo.
    b. Comisión Nacional de la Seguridad.
    c. Inspección de Trabajo y Seguridad Social.
    d. Comisión Nacional de la Salud.

7. Encuentre en la sopa dos ciudades cuyas instituciones locales se encargan de la seguridad y salud en el trabajo:

O	C	D	R	N	O	U
Q	U	E	E	A	W	Q
E	L	E	U	S	L	E
X	O	Q	R	T	I	J
E	E	T	I	C	A	E
X	V	M	Ñ	A	U	X
M	E	L	I	L	L	A
V	C	C	H	M	E	V
J	Z	U	L	I	O	J
A	G	A	P	M	R	W

8. ¿En qué país se encuentra la sede de la Organización Internacional del Trabajo?

   a. Austria.
   b. Suiza.
   c. Dinamarca.
   d. Luxemburgo.

9. ¿Qué personas pueden formar parte del Comité de Seguridad y Salud en una empresa? Señale la/s respuesta/s correcta/s.

   a. Empresarios.
   b. Delegados de Prevención.
   c. Recursos preventivos.
   d. Representantes de los empresarios.
   e. Trabajadores de 1ª categoría.

10. ¿Cuál de las siguientes opciones no se considera una de las competencias y facultades de los Delegados de Prevención?

   a. Vigilar y controlar el cumplimiento de la normativa de prevención de riesgos laborales.
   b. Ser informados por el empresario sobre los daños producidos en la salud de los trabajadores.
   c. Cooperar con la dirección de la empresa para la mejora de la acción preventiva.
   d. Realizar el plan de prevención de riesgos laborales de la empresa.

11. Complete el siguiente enunciado:

   Entre otros motivos, el empresario tendrá que constituir un servicio de prevención propio si su empresa supera los **500** trabajadores o, si teniendo entre **250 y 500** trabajadores, alguna de las actividades realizadas en la empresa aparecen en el **Anexo I** del R. D. 39/1997.

12. Las actividades preventivas no asumidas por un servicio de prevención propio deben ser realizadas a través de...

    a. ... uno o varios servicios de prevención ajenos.
    b. ... un servicio de prevención mancomunado.
    c. ... los servicios sanitarios de la Seguridad Social.
    d. ... una clínica especializada.

13. ¿Qué características debe cumplir un servicio de prevención ajeno?

    a. **Ser una entidad independiente.**
    b. Pertenecer al Instituto Nacional de Seguridad y Salud en el Trabajo.
    c. Pertenecer al Ministerio de Trabajo y Economía Social.
    d. **Tener personalidad jurídica propia.**

14. La entidad dedicada exclusivamente a llevar la tarea preventiva de otras empresas, creada por la asociación de varias empresas, ¿cómo se denomina?

Servicio de Prevención Mancomunado.

15. ¿Qué artículo de la Ley de Prevención de Riesgos Laborales cita la necesidad de que el empresario realice la prevención de riesgos laborales mediante la integración de la actividad preventiva en la empresa?

    a. Artículo 27.1.
    b. Artículo 13.5.
    c. **Artículo 14.2.**
    d. Artículo 34.1.